へんなの

国崎☆和也

太田出版

まえがき

子供のころ、田舎の砂利道で、乗っていた自転車がパンクしました。

すんごい、嫌でした。

どうしようもないのと、家まであと数キロもあるショックとで、
パンクした自転車をガチャリと止めて、ボーっとしました。

ボーっとしながら、自転車にまたがって
ペダルを逆漕ぎする感じで、『カラ、カラカラ……』としていると、
夕日が、ひたすら、ひたすら山に沈んでいきました。

すんごい、嫌でした。

ゆっくり山に沈んでいく夕日が、なぜかそのときだけはムカつきました。

なんなら自転車よりもダメで、ゆっくり山に消えていく夕日を、
「なんなんだコイツ」と思っていました。

その速度も、明るさも、何故だか鼻につきました。
理由はわからないままで

夕日が山に沈んでいったあとも、
「なんだったんだよアイツ」と思っていました。

それからしばらくして、
ふと何かの拍子にその夕日のことを思い出しました。

「かわいかったなあ、アイツ」になりました。

理由はわからないままです。

ただ、あたくしはこの「わからないまま」がけっこう好きで、よくわからないまま進んでいく物事が、この世が好きです。

わけわかんなくないすかね⁉　マジで！
この世、まったくわかんなくないすか⁉

アリの平均寿命が1～2年で、人間の寿命が7～80年とは⁉
えっ、何で⁉　引き離しすぎじゃない⁉　やりすぎじゃない⁉
はじめに『みんなの寿命、決めよう会』みたいなのがあったとき、アリ側は何も抗議しなかった⁉

『あんまりだろ‼』
『まったまた～！　ウソつけ～！』
『我々だけすぐ死ぬんですけど⁉』
『ちょっとちょっとー！』
『人間さんだけズルいですやーん！』
『我々にもその寿命ちょっとわけてくださいよー！』
みたいなこと、言わなかった⁉

抗議しなかった⁉
無視されたかんじ⁉
えっ、ヤバくない⁉
この世、ヤッバくない⁉
この世ヤバいっしょ!!!

ヤババの……バ!!!
ヤババの……バ!!!

そんなこの世に「答え」はあるのでしょうか……？

君は？　どう思う？

目次

あのインチキたちは今

小学3年生のときに〝たまごっち〟が大ブームになった。発売当初、あまりの人気っぷりにどのおもちゃ屋でも売り切れが続出し、田舎では持ってる子が時代の最先端スーパースターだった。そんなたまごっちが欲しくて欲しくて、毎日たまごっちのことを考えていた。町にあるおもちゃ屋のチラシをチェックしては、たまごっちが発売してないか確認して、「ないかあ〜」と残念がっていた。

そんな中、ついにその日がやってきた。

「明日、○○の店、たまごっち発売されるらしいよ……！」学校の連絡網ついでに、友達からそれを聞いた僕は腰を抜かしそうになった。「たっ、たまごっちが⁉」受話器に顔をめりこませる。確かな情報なのか⁉　なんでわかったんだ⁉　本当に本当なのか⁉　鼻息を荒くして夢中で話した。「本当だよ国ちゃん‼　チラシに載ってる‼　たまごっちが！」

友達の声量が、ＭＡＸになる。そりゃそうだ。ついに我が町に、たまごっちがやってくるのだ！　あたくしのボルテージもＭＡＸを超え、たまごっちを買ったが、どうやって育てていこう⁉と、もう「買ったあとのお話」までしていた。しかし、ここで問題が発生した。「明日…学校…」友達の声が、みるみる情けなく、小さくなっていく。そう、明日は学校なのだ。学校が終わってからのおもちゃ屋に、大人気のたまごっちがあるわけない。絶対に売り切れている。絶対に。絶対に。絶対に。絶対に。

「…………………。」

そのときに自分はもう、決心をしていた。明日、学校を休むのだ。休んで、朝イチでおもちゃ屋に並ぶのだ。たまごっちを絶対買うのだ、絶対に。絶対に。絶対に。絶対に。

そのあと、どうしてそうなったかは覚えてないが、なぜか親戚のおじさんと朝イチでおもちゃ屋に並んだ。親になんて言ったんだろう？　学校はどうやって休んだんだろう？　その過程がどうしても思い出せないが、学校を休んで、親戚のおじさんと朝イチでおもちゃ屋に並んだことは鮮明に覚えている。

そして、おもちゃ屋が開店して、ついにご対面の瞬間はやってきた。たまごっちと思われるブツは、レジ横にあった。「……あれ？」しかし、その商品をよく見ると、〝ぎゃおッPi〟と書いてある。

（……ぎゃおッPi？　……たまごっちは？）　ぎゃおッPiの横にはポップが貼ってあり、『大人気!!』と書いてある。「カズ、やったなあ～！」親戚のおじさんはよくわかってないので、これがたまごっちだと思っている。

「おっちゃんこれ、たまごっちじゃない……」

「え!?」

「ニセモノだ…！　ぎゃおッPi…って……」

「え!?」

パッケージを見ると、確かにたまごっちと似てるのだが、ペット感覚の恐竜育成ゲームとあり、さらにハッキリと〝ぎゃおッPi〟と書いてある。おじさんとビックリして、二人であたふたしていると、どうかしました!?と大声で、桃屋の〝ごはんですよ〟みたいな顔の、店員のオヤジがやってきた。

「あのぅ、これ……」

親戚のおじさんが、ぎゃおッPiを指差すと、

「ああ、もう～これね！」

桃屋の〝ごはんですよ〟は嬉しそうに、

「大人気でね！　これね、よかったねえボク!!」

僕を見ながら、〝桃屋〟はハリキリ声で言った。

「もう〜っ今売れててね!! なかなか入荷できないの!!」

「あの、これは……、たまごっち、ではないですよね……?」

おそるおそる聞くと、

「………………」

「……あの、」

「まあ〜あ、うんうん、そうねえ〜…」

〝桃屋〟は何か気難しそうに考えだして、

「まあ〜、そうねえ〜、う――ん。うん〜うん、まあ、たまごっち……う―ん、うん」

そして、

「でもね、たまごっちだよ!!」

ハッキリと、豪語した。

「もう、たまごっちみたいなもん! だいたい、たまごっちと同じ!!」

「は、はあ…」

「朝から並んだ甲斐があったねえ!!」

「え、ええ…」

胡散臭いが、その熱量がすさまじく、

「もう～ね！　これすぐ売り切れちゃうから！　朝から来て正解！　ほんと、もう‼」

僕も親戚のおじさんも、次第に圧倒されていった。

「なかなか買えなくなるよ～！　もうね‼」

「たまごっちみたいなもんよ‼」

「これ入荷するの大変だったんだから…‼」

「たまごっちだよこれは‼」

「これでクラスの人気者だよ‼」

「たまごっち‼」

「並んだ甲斐があったねえ‼」


「そ、そうなんだ…！」

「さあ～買った買った！」

気がつけば僕とおじさんは、

「ありがとうございました～！」

ぎゃおッPiを買っていた。

朝イチで並んで、たまごっちではなく、ぎゃおッPiを買った。そしてこのぎゃおッPiは、当たり前だけどたまごっちではないので、まったく大人気になることはなく、見向きもされず、学校ではついに「たまごっちのニセモノがあるから気をつけろ」と噂も流れはじめた。「俺らも気をつけないとなあ、国ちゃん！」友達からそう言われたとき、「それを、学校を休んでまで、朝イチで買った奴が目の前にいるよ」とは言えなかった。完全に、あの〝桃屋〟に騙されたのだ。

このように、あたくしは昔さんざん町の〝胡散臭いオヤジ〟に騙されてきました。1990年代、子供を騙すインチキおじさんみたいな連中は、町のいたるところにいやした。今回は、そんな奴らにいかに騙されたかを、発表しようと思います！

ケツアゴのタキシード仮面

これは、当時流行っていたアニメ『美少女戦士セーラームーン』の、セーラー戦士たちが実写でライブしてくれる催し物『セーラームーンショー』を、親戚のお姉ちゃん・

理恵ちゃんと観に行ったときのことです。

ショーの終わりに、なんとセーラームーンたちが、サイン会を開いてくれることになった。セーラームーンは当時絶大な人気があり、子供だった僕たちは大興奮した。「セーラームーンたちが!?　レ、レイちゃんが!?」当時、〃火野レイ〃というキャラが好きすぎて、毎月のすべてのお小遣いをレイちゃんグッズにぶち込んでいた僕は、もう最高潮だった。

「かっちゃん、こっち！」

「レレレイレレレレイイレレレレレ!!」

親戚のお姉ちゃんに手を引かれながら人だかりをかき分けて、サイン会場についた。

しかしそこでわかったのが、ショーは『午前の部』『午後の部』と分かれており、今観てきた午前の部のサイン会は、セーラームーンとタキシード仮面の二名がサインしてくれるというのだ。レイちゃんのサインは午後の部だった。少しガッカリしたけど、サインは欲しい。

「かっちゃん、行こう！」理恵ちゃんの誘導のまま、セーラームーンの〃月野うさぎ〃ちゃんのサインに並ぼうとしたとき、ギョッとした。セーラームーンの列が、大行列になっているのだ。さすが主役、セーラームーン。これは時間がかかると思った理恵ちゃんが、「かっちゃん、タキシード仮面でもいい？」と聞いてきた。タキシード仮面も、ぜんぜんカッコいい。いつもセーラー戦士たちのピンチに駆けつけて、薔薇を投げて登場する仮面マントの色男。そんな彼がサインをしてくれるのだ。もちろん「うん!」と答えた。

理恵ちゃんと二人で、タキシード仮面のサインを待っているあいだ、セーラームーンはああだったとかこうだったとか、ショーの余韻に浸っていた。すごく楽しかった。ショーはあっという間だった。セーラームーンたちは、やっぱり最高に輝いていた。

「あ!!」

いきなり、理恵ちゃんがでかい声を出した。

「ど、どうしたの、理恵ちゃん?」と尋ねると、彼女は、目をまんまるにして、あ、あれ!!と、サインをしているタキシード仮面を指差し、

「あれ、荒木のおじさんだ…!!」そんなことを言った。

「荒木の、おじさん??」

「荒木! 荒木のおじさんだ!」

理恵ちゃんが言うには、同じ集合住宅の二階に住んでいる荒木さんというおじさんに、タキシード仮面がそっくりだというのだ。

「かっちゃん、あれ! タキシード仮面じゃない!!」

僕は混乱した。タキシード、仮面、じゃない? あら、アラ、キ?? 荒木のおじさん……??

「かっちゃん！　荒木！　絶対荒木だ！」

「で、でも理恵ちゃん、なんでこんなとこに、」

「荒木のおじさんだ！　ケツアゴ！　ケツアゴ‼」

理恵ちゃんが言うには、荒木のおじさんはケツアゴらしく、タキシード仮面を見たら、確かに仮面下から出ている〝ケツアゴ〟が見える。

「ちょ、ちょっと待ってよ……理恵ちゃん」

「荒木だ！　荒木のおじさんだ‼」

「理恵ちゃん、」

「荒木のおじさんだ‼　荒木の！」

「、」

「絶対！　そうだ‼　荒木のおじさんだよ！」

「、」

「かっちゃん！　あれ、荒木のおじさんだよ‼‼」

理恵ちゃんが熱弁する。

「荒木のおじさんだ‼」

「……」

僕の中で、列の先にいるタキシード仮面は、完全に〝荒木のおじさん〟に変わった。

「かっちゃん、絶対、荒木のおじさんだ‼」

僕はこれから、

「かっちゃん、あれ荒木だ！　ケツアゴ‼」

タキシード仮面のふりをした、

「荒木！　荒木のおじさんだ！　荒木！　荒木！」

荒木のおじさんに、サインをもらうのだ……。

タキシード仮面を被った……、

「荒木、荒木‼　ケツアゴ‼　かっちゃん！」

荒木のおじさんに……、

「荒木‼　荒木だよ！」

サインを……、

「あれ⁉」

そんな中、もうすぐ自分の番だというときに、後ろで理恵ちゃんが、

「かっちゃん！　大変‼　あれ…、荒木じゃない‼」

そう言った。

「よく見たら荒木じゃない‼　あれ⁉　誰だろ⁉」

もう、荒木でもタキシード仮面でもなかった。

「でもタキシード仮面でもない！　ケツアゴだもん！」

荒木？　じゃなくて？　タキシード仮面？　でもない……？　え。え？　あ、え？

誰……⁇

『次の人～！』自分の番になった。

？「やあ、名前は⁇」

「か、かずやです」

？「かずやくんだね！」

サラサラと色紙にサインをしている。タキシード仮面でもなければ、荒木のおじさんでもない、ケツアゴの誰か。

？「さあ、どうぞ‼」

渡された色紙には、「かずやくんへ、タキシード仮面より！」と書いてある。タキシード仮面でもない、荒木のおじさんでもない、知らないケツアゴのサイン。続けて理恵ちゃんもサインをしてもらっていた。顔が引きつっていた。「理恵ちゃんへ、タキシード仮面より！」と書いてあった。

こうして僕たちは、知らないケツアゴのサインをもらって帰った。しばらく、タキシード仮面が嫌いになった。

おもちゃのバンビマン

ミニ四駆が大ブームになったとき、休日になると各おもちゃ屋でミニ四駆の大会が行われていた。自分で作ったミニ四駆を持って、友達と〝おもちゃのバンビ〟というおもちゃ屋で、ミニ四駆の大会に参加したことがあった。優勝者はなんと、賞金とプレイステーションがもらえるというのだ。当時のプレイステーションは大変高価で、子供ではなかなか手が届かない。まさに子供の夢みたいな大会だった。

僕は一回戦でダメだったけれど、友達は大健闘して、決勝まで進んだ。各地区の凄腕の少年たちが集う決勝は、最高に盛り上がろうとしていた。そして、いよいよレースがはじまる瞬間！「「「「待て〜い!!」」」」という声がした。

「そのレース、ちょっと待ったああ!!」

覆面を被った、謎の男が店の奥から出てきた。


「私はバンビマン!!」

「よく決勝に進んだな!!」

「今回は直々に、このワタシが、決勝レースに参加してやる!!」

絶対に店員だった。店員が、覆面マスクを被って、〝バンビマン〟だと名乗り飛び入りで参加してきた。ただ現場は、バンビマンの登場に、

「なんだお前ー！」

「バンビマンー!?」

「あ、ミニ四駆持ってる!!」

意外にも、盛り上がった。そして、バンビマンから衝撃の発言が。

「ワタシが優勝したら、賞金とプレイステーションは私のものだあ!!」

「…ええーっ⁉」

「なんだよそれー！」

「おかしいだろ〜！」

さすがにみんなからブーイングが出る。あんなにウェルカムだったバンビマンが、一気に嫌われだした。そりゃそうだ。覆面を被った店員が、賞金とプレイステーションを没収しようとしているんだから。

「さあ！　私に勝てるかなあ⁉　この、バンビマンスペシャル（ミニ四駆）にぃ‼」

バンビマンは当たり前のように、レースの位置についた。

「おい！　こいつ！」

「ふざけるなよぉ！」

「ダメだろー！」

みんなで叫ぼうにも、他の店員もグルなので、「たいへん！　頑張ってね！」と誰も止めようとしない。

「負けるなー‼」

「いけいけー‼」

「がんばれ〜‼」

レースはさらなる盛り上がりを見せる。もうどの地区から来たとか、違う学校だからとか、知らない子だからとか、関係ない。少年たちvsバンビマンだった。決勝レースは白熱した。地域も学校も、すべての壁を越えて、みんなひとつになって、声をあげた。

「いっけー!!」

「負けるなー!!」

「いけいけいけー!!」

「ぶっ倒せー!!」

全員（バンビマン以外）を応援して、全員（バンビマン以外）のミニ四駆に声援を送り、勝利を願った（バンビマン以外）。

そんな決勝レースはバンビマンのミニ四駆がぶっちぎりだった。信じられないくらい速いバンビマンのミニ四駆は、他のミニ四駆を大きく引き離してぶっちぎりで爆速した。コースを爆速する〝バンビマンスペシャル〟は、ボディ全体が黒いのもあり、でかいゴキブリが走っているように見えた。ものすごく速いゴキブリが、他のミニ四駆を大きく引き離していく。

よく考えたら、モーターチェック（反則のモーターを使ってないか）をしていない。マシンの電池確認（反則の電池を使ってないか）もしてない。何もチェックされていない今爆速で走っているバンビマンスペシャルは、おそらくすべての反則をマシンにつぎこみすべてのドーピングを許された、最強のミニ四駆。少年の夢を壊す、ゴキブリの怪物だった。

「ゴ――――ル!!」

優勝は、ぶっちぎりで〝ゴキブリの怪物〟。

「残念だったなあ君たち！　バンビマンの勝利だ！」バンビマンは勝ち誇り、「また君たちの挑戦を、バンビマンは心待ちにしているよ!!」と、優勝賞金とプレイステーションを抱えて、店の奥に引っ込んでいった。あまりの出来事に、誰も止めることができなかった。

バンビマンへ。あのときの全員、バンビマンを許していません。

あのときの少年たちより。

ヨーヨー検定

ハイパーヨーヨーというヨーヨーが大人気になったとき、町のおもちゃ屋では〝ヨーヨー検定〟なる試験があった。全日本ヨーヨー協会みたいなところから「これできる？」みたいな技が出題されて、その技にチャレンジして成功したら、自分の認定カードに合格スタンプを押してもらえる。ヨーヨー検定は、技が簡単なものから難易度がどんどん上がっていき、1日にチャレンジできるのは3回までという、緊張と失敗が隣り合わせの試験だった。

おもちゃ屋の駐車スペースなどでやっていたヨーヨー検定。いつもヨーヨー認定人みたいなおじさんが来て、「よし！」「ああ、ダメ！」とジャッジされていた。おじさんのジャッジはなかなか厳しく、本当にその技ができないと認定にならない。さらにチャレンジは1日3回までというルールをおじさんは頑なに守った。「ケチー!!」と言ったところで、チャレンジさせてもらえなかった。ただ、おじさんはヨーヨーがうまく熱心に技を教えてくれるので、堅物オヤジながらも、みんなからはなんだかんだ慕われていた。

そんなある日、そのヨーヨー検定をしているおもちゃ屋が潰れることになった。小さいころから通っていたおもちゃ屋がなくなるというのはかなりショッキングで信じたくなかったが、来月にも潰れてしまうという。ヨーヨー検定も、おもちゃ屋がなくなってしまってはできない。

そんな中でも、おもちゃ屋に行くとヨーヨーおじさんはいつも通りに堅物で、ヨーヨーの技を熱心に教えていた。

そして、1ヶ月後。そのおもちゃ屋での、ヨーヨー検定。いつも通りヨーヨー検定がはじまり、おじさんは熱心にみんなにヨーヨーを教えて、ヨーヨーの検定試験になった。試験がはじまると、不思議なことが起こった。

おじさんが、「よし！」しか言わないのだ。「よし！」と言って、合格スタンプをどんどん押してくれる。さらに、失敗した子に対しても「もう1回、やってみよう！」とチャレンジをさせている。「いいぞ、よーし！」1日3回までのチャレンジを、堅物のおじさんが破っている。何回も何回も、「よーし！　いいぞ！」と成功するまで、おじさんが静かに見守っている。しばらくそれを見ていると、ふいにおじさんが僕らに対して、

「……楽しかったな」と言った。

理解した瞬間、胸が締め付けられるようだった。

ここでようやく、ああそうか、おじさんとヨーヨーできるのはこれで最後なんだと気がついた。当たり前のようにヨーヨーしてたけど、おじさんとはこれで二度と会うことはない。教えてもらうことはない。おじさんはそれがわかってて、みんなに「よし!」と言っている。どんなに失敗しても、合格スタンプを押している。潰れてしまうこのおもちゃ屋の最後の思い出を、最高のものにしようとしてくれている。いつもは堅物のヨーヨーおじさんが、僕たちのためにインチキをしてくれている。

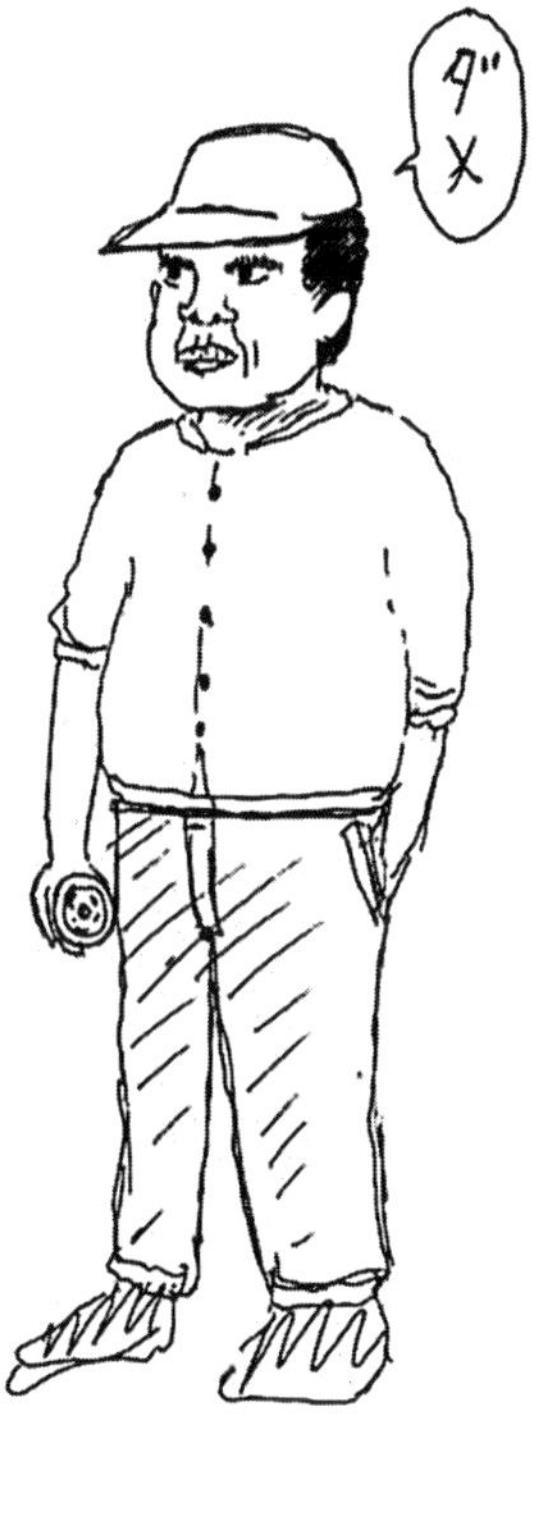

「よし!」

「よしっ!」

「よーし合格!」

「よーし、よし!」

「よーし!」

「よし!」

「よしっ、いいぞ!」

「よし！」

「よしよし！」

「よし！」

「ははっ、よし！」

「よしっ！」

「よし！」

し!

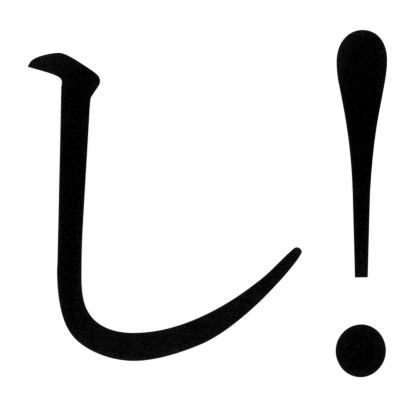

よ

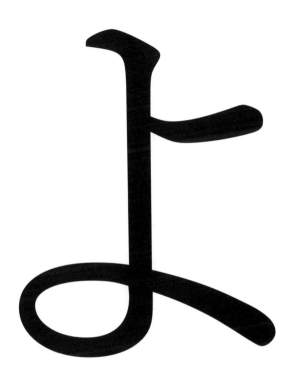

ありったけの「よし！」をおじさんが言う。僕たちの認定カードが合格スタンプでいっぱいになっていく。

「よし！」

おじさんは、みんなが合格したのを見守って、帰っていった。おもちゃ屋をあとにするおじさんの後ろ姿が、今でも目に浮かぶ。

あのとき、「このことは絶対忘れない」と思ったこと。今でも思い出せること。それが、本当に嬉しい。あのおもちゃ屋も、おじさんも、忘れてない。ヨーヨーも、合格だらけの認定カードも、心のずーっと奥にある!!

田舎町の、おもちゃ屋。ルールと戦い、理不尽を破ってくれたあの姿。合格スタンプを押してくれた、あの姿。楽しかった。忘れてない。おじさんは、目に見えない何かと戦う、『地獄先生ぬ～べ～』みたいなヒーローだった。ありがとう、おじさん!!

よーし！

この世には、
目には見えない闇の住人たち
がいる。
ヤツらは時として牙をむき
君たちを襲ってくる。
彼はそんなヤツらから
君達を守る為に地獄の底から
やってきた、
正義の使者なのかもしれない。

ぬ〜べ〜♪

君は

君は、「スベった」ことがあるか⁉ これはウケるぞと、自分が面白いと思ったことを発言して、相手がピクリとも笑わなかった……それが「スベる」だ‼ 「しーん」とするあの時間。たまんないスよね！

芸人ほど、この「スベる」に敏感な職業はありません。他の職業なら大丈夫なんです。サラリーマンも、教師もナースも、いくらスベっても、なーんともない。ただ、芸人だけは、この「スベる」に運命を左右されます。今、皆さまが見ているテレビの芸人は「ずっとウケ続けてきた芸人たち」でございます。

今回あたくしが見せるのは、裏も裏！ 「地下劇場の芸人たち」でございます。いろんな地下のライブに出没する、地下芸人たち。彼らは、毎日いろんな会場で、ギャグやジョークを飛ばしています。もちろん、スベる芸人もいます。中には、芸人を辞めないといけないくらいスベる芸人もいます。

でも、彼らは辞めません。みんな、『働きたくない』からです。働いて、ミスして怒られたりするのが嫌だからです。朝早く起きるのが、絶対に嫌だからです。

しかし、「それは違う！」とみんな声を大にして言います。「夢がある！」「お客さんを笑顔にしたい！」「賞レースの決勝に行きたい！」「面白いことをやりたいだけだ！」。

しかし、その人たちと仲良くなって、居酒屋に行き、深い話になるとだいたい皆さん、小さな声で「働きたくない……」と、漏らします。

そうです。根にあるのは間違いなく、『働きたくない』でございます。中にはそうじゃない連中もいるでしょうに。しかし、あたくしがよく知る地下芸人のほとんどが、『働きたくない』をモットーにやっております。


さて、もう一度聞こう。君は、「スべった」ことがあるか!? 誰も笑わない時間が、15分続いたことがあるか!? スベりすぎて、お客さんが途中で帰ったのを見たことがあるか!? そんな、どうしようもない地下の日々を見てもらいたい！ ごめんあそばせ！

あたくしがはじめにエントリーしたライブは、〝キングオブフリー〟というライブで、優勝者はなんと賞金10万円がもらえるという内容だった。

「優勝したら10万円がもらえるの⁉」

相方が持ってきたエントリー用紙に名前を記入して、「がはは」と笑った。お金がない芸人にとってこんなにオイシイ話はない。お天道様はよく見てくれていた。絶対に10万円もらって、笑って過ごしたい。

そして、当日。会場入り口で、エントリー料として5000円かかることが判明した。「ごっ、ごせっ⁉」ギョッとしてよく見ると、エントリー用紙に『エントリー料5000円』と書いてあるではないか。「はい、5000円だよ」。受付のおばちゃんが、早くよこせと言わんばかりに、手を前に出してくる。泣く泣く相方と二人でエントリー料を、おばちゃんに支払う。

ランジャタイ（コンビ名）　－5000円。

お笑いライブに出るのにお金を払わないといけないことを、そのときはじめて知った。

会場に入って、5000円のことをボーっと考えているあいだに自分たちの出番がきて、あわてて舞台に飛び出した。客席には5、6人。初舞台だったが、そんなことより5000円がすぐパーになったことで頭がいっぱいになった。さらにはネタもスベった。やんなっちゃう！　と思った。

「ありがとうございました〜」

5000円払って、列に並んで、舞台でスベり、戻ってきた。スベりのテーマパークだ。舞台から降りると、次の出番の芸人とすれ違った。色白で、手には謎の「水槽」を抱えている。よく見ると、その水槽の中にプカプカ「脳みそ」が浮いている……。なんだこいつ…!?

舞台に出ると、彼は「こんばんは！　〝脳みそ夫〟でーす!!」と言った。すると、水槽の中にある「脳みそ」が『コンバンハ〜!!』と、喋った。衝撃だった。とんでもない奴らがエントリーしてきた。色白の男と、水槽に入っている「脳みそ」。そんな奴らが、10万円欲しさにエントリーしてきたのだ。

「いやー脳さんねー」

『なんだよテメェ』

「落ち着いてよ、脳さん」

『うるせぇなああ!!』


そのまま彼は、水槽の「脳みそ」と言い合いになって、ケンカをしていた。

結果。彼らは、そのまま勝ち抜き、優勝した。優勝したのだ。

「脳みそ」とケンカして、10万円もらっていた。


ライブのエンディング、水槽の「脳みそ」が、『ヨッシャー!』と言っていた。なんだこのライブと笑ってしまった。

ライブが終わると脳みそ夫は、楽屋の奥にあるキッチンの流し台に「脳みそ」が入っている水槽の水を、無表情で捨てていた。

『ジャ――――』

さっきまで10万円をもらって、喜んでいた男とは到底思えない顔をしていた。

『ジャ――――』

なぜだかずっとそれに、目が釘付けになった。

『ジャ――、ジャ――』

まったくの無表情で、

『ジャ―、ジャ――――』

「脳みそ」が入っている水槽の水を、捨てていく。

『ジャ――…』

なんて顔だろう……。これがさっき優勝した男の顔か……!?

『ジャ―……、チャッ、チャッ!』

無の表情で、残りの水槽の水を、チャッ、チャッ、と切っていく。

『チャッ! …チャッ!! チャッ!!』

彼は、先ほど優勝して歓喜していたのだ。「脳みそ」も『ヨッシャー!』と言っていたのだ。

『ピチョン、ピチョン…』

水がなくなって、水槽の中の「脳みそ」が剥き出しになる。当たり前だけど、さっきまであんなにハキハキ喋っていた「脳みそ」が、あんなに無言になっている。

それが何やらおっかしくて、変な感覚、胡散臭い香りがしてきた。それがはじめての地下ライブ、そして地下芸人たちとの出会いだった。

それからいろいろなライブに出ることになった。〝あじわいライブ〟というライブがあって、武蔵小山のインドカレー屋の二階でやっていた。主催の清水狸さんという芸人が、「さぁはじまりました！　あじわいライブ！」とはじめるが、もう、普通にカレー屋だった。インドカレー屋の二階をライブ会場だと言い張って、みんなでライブを開催するのだ。

みんな必死だった。なぜならずっとカレーの匂いがしているから。終始カレーの匂いがしているそのライブは、ウケるウケないの前に、その匂いが会場に漂って、頭の片隅には必ずカレーがつきまとう。そんな中お笑いなんかやるもんだから、まったくウケない。ライブが終わるころには、演者もお客も全員、カレーのことで頭がいっぱいになった。早くカレーが食べたい。お笑いなんかよりカレーだ、カレー!!

とんでもないライブだった。

また、芸人の中には、袖から客席を見て、『ネタをちゃんと見ているお客さん』と『カレーのことしか考えてないお客さん』の区別ができるようになった猛者もいた。その猛者に聞いては、「えっ？　あの人カレーのこと考えてるんですか⁉　あんなに笑ってるのに⁉」「そうだよ、ほら！　あっちなんかほら！　カレーのことしか考えてないよ！ほら‼」「ほんとだ～！」そういうやりとりが、楽しみになっていた。

そんなあじわいライブの中で、強烈に記憶に残っているのが〝二階堂旅人〟という芸人だ。お笑いライブの尺は、ひとネタ4、5分が暗黙の了解で、あじわいライブもそんな感じだった。しかし、二階堂旅人さん。彼は何を思ったか、いつも「20分強」やるのだ。どんなあじわいライブでも「20分強」。カレーの匂いがぷーんとするこのあじわいライブで、彼だけが「20分強」やってのける。とても世界観の強い一人コントをするので、桐野安生という芸人と、袖から「すごいなあ、二階堂さんは！　カレーのことなど考えてない、あの顔‼」「桐野さん、あのお客さん見てください。まるで二階堂さんとは違いますよ、カレーの顔ですよ」「二階堂さんを見習ってほしいもんだね」そんな会話をしていた。

そんな二階堂さんが伝説になった日がある。ある日あじわいライブに遅れて行くと、会場に爆笑の渦が巻き起こっていた。「え!?」ビックリした。あじわいライブでは聞いたことがない笑いの声量だったからだ。さらに舞台を見て驚いた。〝二階堂旅人〟だった。二階堂旅人が、ネタで爆笑を取っている。すごいぞ……! 一目散に舞台袖に向かった。ワクワクした。あじわいライブでこんなウケ量、聞いたことがない! 袖から見ると、彼がネタをしている。ピエロのような白塗りのメイク、全身黒ずくめの奇抜な衣装。パントマイムネタのようで、ゆっくりと無言で動き、いつもの世界観をやっている。

「……」

面白いが、ただ、そこでは笑いが起きてない。

「……?」

よくわかんないでいると、隣にいた芸人が「しーっ!」と、下を指さした。

「??」

二階堂旅人は変わらず、無言でパッパッ!と動き続ける。

ピエロ「〜〜」

マイムなので、舞台がとても静かになる。ピエロメイクの二階堂さんが、無音で動く。

ピエロ「〜〜…」

次の瞬間。

『カランコロンカラーン！』
『イラッタイ　マテー――!!』
舞台の床下から、下のインドカレー屋のやりとりが聞こえてきた。
『イラッタイマテー!!』
『何名タマ　デスカ――!?』
二階堂旅人が無音でネタをやっていると、インド店員の声がハッキリと聞こえてくる。
『キーマカリー！　フタトゥ!!』
『アリガト　ゴザイマース!!』
ピエロ「〜――。〜。」
ピエロが無音で動く。
『ナン、オカワリ　ハイリマッター――!!』
下からカタコトの声。
ピエロ「〜ー、〜。」
ピエロが動く。

『アリガトネー‼　チキンカレーひとトゥー‼』
ピエロ「〜。〜…〜〜」
『カランコロンカラーン！』
『ハイ　イラッタイマテ——‼』
ピエロ「〜、〜、〜……」
『チーズナン！　フタトゥ⁇　アリガトー！』
『アリガト　ゴザイマース！』
ピエロ「〜〜、〜〜。。。〜、」
『チキン　カレー！　オマチ〜〜！』
『アチュイカラ！　キヲツケテネー‼』
ピエロ「〜〜〜。〜、、、〜。」
『イラッタイマテー‼』
ピエロ「〜ー。〜。〜〜」
『ゴアンナイ　シマ——ス‼』
『ハ——イ‼』

ピエロの動きと、インドカリー店員。とんでもないコンボの応酬で、その偶然起きた二度と起きないであろう出来事に、みんなで腹を抱えて笑った。二階堂旅人さんはその日、20分強爆笑を取り続けて一躍スターになった。そんなあじわいライブも、数年前に終わりを迎えたらしい。今はあんまり見かけなくなっていった、変なライブたち。

このあいだ、とある収録でメイク室に案内されて入ったら、Aマッソの加納ちゃんがいた。隣に座ると、「うぃっス～」と笑顔で挨拶してくれた。パタパタメイクされながら目を閉じて、Aマッソも、あの〝あじわいライブ〟によく出ていたことを思い出した。あのカレー屋の二階で、一緒にお笑いをやっていたメンバーとテレビ局で会うのはとても感慨深いものがあった。ふと、何を思ったか、となりの加納ちゃんめがけて「あじわいライブ～」と、一言だけ言ってみた。すると彼女は目を閉じたまま「清水、狸、な～」と、返してきた。

嬉しくなった。清水狸さんはあのライブの主催者だ。続けて加納ちゃんが「桐野安生、な～」と言ってきたので、「二階堂旅人～」と返した。それからどちらからともなく、「「カレー屋～」」、「「二階～」」と、重なった。それで吹き出してしまって、「誰がわかんねん」と加納ちゃんがツッコんで、メイクさんたちはよくわからない顔をしていて、それも面白くて笑ってしまった。加納ちゃんの中にも、まだあじわいライブが残っていたのだ。

変な、ライブだらけだった。
あたくしはたぶん、このライブたちを一生忘れないだろう。
5000円を見ればエントリーライブを思い出すし、
流し台を見れば脳みそ夫と「脳みそ」を思い出す。
楽屋で誰かがカレーを食べているとき、その匂いであじわいライブを思い出す。
住宅街でカレーの匂いがすれば、あじわいライブを思い出す。
カレー屋を見かけたら、あじわいライブを思い出す。
インド人を見たら、あじわいライブを思い出す。
ピエロを見たら、あじわいライブを思い出す。
静かなとき、あじわいライブを思い出す。
あじわいライブを思い出す。
あじわい、
あじわい、
あじわいライブ。

あじわいライブだけ、異常にトリガーが多い。

さて、地下ライブの話はいったんここまでです。今度機会があれば、今は解散してしまった〝ちょむ&マッキー〟という漫才師。そのマッキーさんが開いた、「3歳になる娘のゆずなちゃん。そのゆずなちゃんを、一番笑わせた奴が優勝」の、〝ゆずな-1グランプリ〟のことを話そうかと思います。ライブ開始と同時に、肝心のゆずなちゃんが泣き出してしまい、あわてた奥さんが、ゆずなちゃんを抱き抱えて会場から飛び出して、二度と戻ってこなかったライブです。

では！

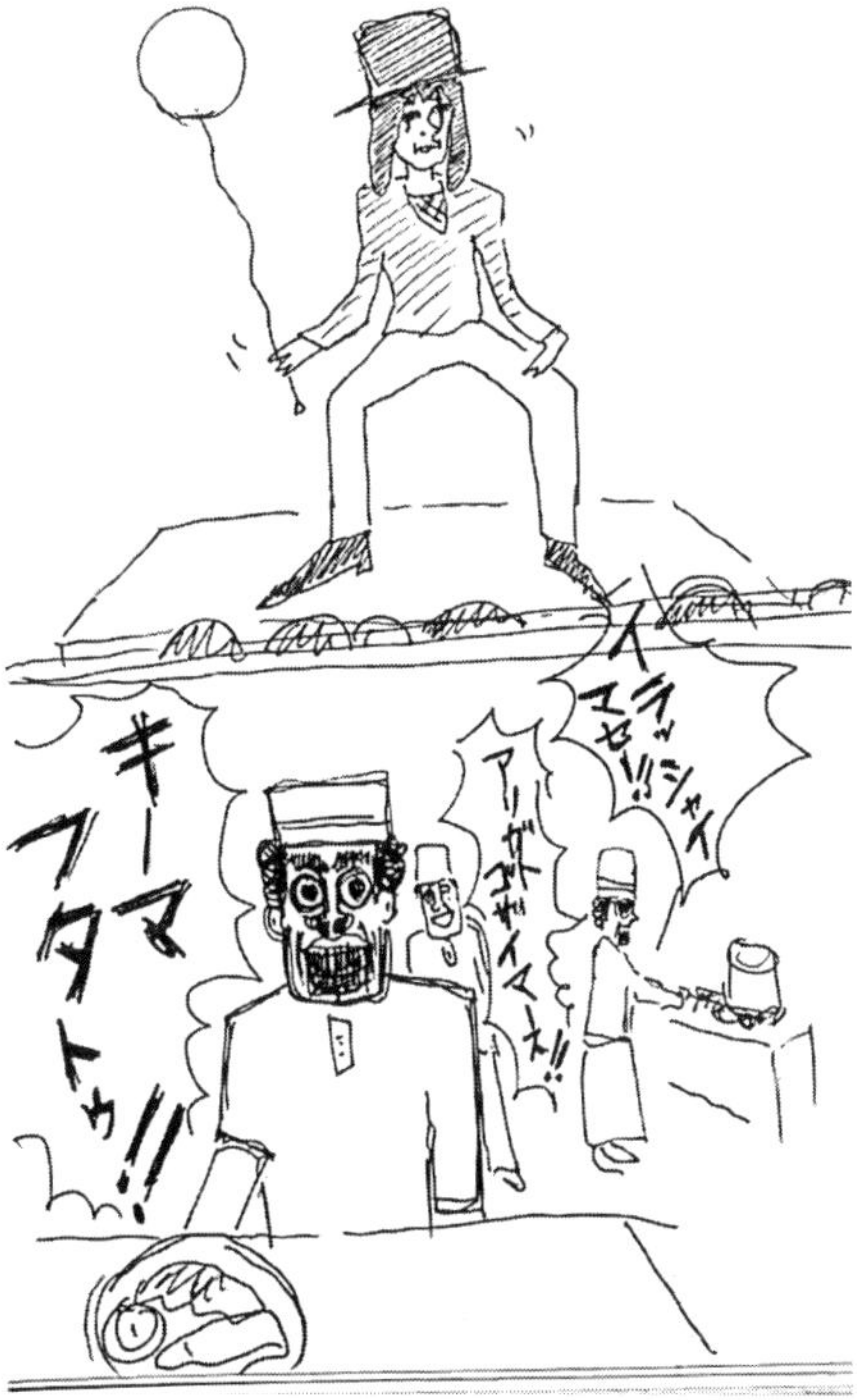

9年間のできごと

あたくしは、少し前にバイトを辞めさせていただいた。大変、大変、お世話になった。感謝してもしきれないくらい、人にも、その環境にも、お世話になった。

バイト先は、ガソリンスタンドだった。仕事内容は、小さな部屋でモニターを見て、お客さんが車のノズルを給油口に入れたのを確認して、給油許可ボタンを押すという監視業務だ。お客さんが誰も来ない時間が大半なので、そのときは掃除か、四畳半あるかどうかの室内で、ただスタンドを見ながらじっとしている。スタンド内の掃除もするが、それも2時間に一度のペースなので、ほぼ部屋にいることになる。この狭い部屋に、一人で8時間過ごすのだ。

「ガソスタの中でも、ここのスタンドは特殊でね〜」入って間もない時期、中番のおじさんに「若い子が入ってきても、ずっと部屋で一人きりだから、耐えられないで辞めてく子が多いんだよねー。頭がおかしくなりそうなんだって。国崎くんはどっちかなあ??」そう言われた。そうか、ずっと部屋にいるのはなかなか楽に見えるけど、精神的にキツいらしい。まずやってみてわかったのが、本当に何もない部屋、8時間。ずーっと一人だから、いろいろ考えたりする。これは学生にはキツイかもしれない。

「僕は、音楽を聴いたりするよ。あ、そうそう、浜崎あゆみを歌っているんだよね〜!」

おじさんは『8時間一人きり』を過ごす方法として、浜崎あゆみの曲を大声で熱唱しているという。

「もうさ、あゆになりきるんだよ。本人みたいにさ、そうやってずっと歌ってると、本当にそうだと思えてきて。シンクロするというか。ホント曲に入り込みすぎてね、泣いたことがあるよ、はは、ははは!」

ギョッとした。おじさんは、本人さながらに歌い、あゆの気持ちになり、泣きながら歌ったことがあるのだ。〝バイトもこの人も、ヤバいんじゃないか?〟そう思ったけど、やるっきゃない。こうして、バイト生活はスタートした。

朝7時。夜勤の人と入れ替わり。最初の1時間は、夜勤早番で引き継ぎ作業をして、掃除をしたり、連絡事項を確認し合ったりする。夜勤は〝Nさん〟という初老の方だった。僕の掃除が終わると、Nさんは「退勤まで時間があるから」と、自前の中国茶を煎れてくれて、これがとにかく美味しかった。Nさんとお茶を飲みながら外を見ると、スタンドの道沿いを小学生たちが集団登校している。それを眺めながらNさんは、「あの子はいつまでもおチビちゃんのままだねえ～」「寒くないのかね、半袖で、この冬に」「ああ、あぶない。はは、あんなにあわてて」そう感想を言いながら、街の様子を眺めて、二人でお茶を飲む。この時間が、すごくゆるやかで、素敵だった。茶菓子を用意してNさんとはいろいろな話をした。

町工場で働く職人だったNさんは、激動の昭和。「あの時代は楽しかったなあ。みんな貧しかったけど、汗水垂らして働いてね。みるみる日本がよくなって、仕事帰りに、夕日が街に沈んでいくのが見えて、ありゃあ綺麗だったな。それ見たらさ、明日も頑張ろうと思えたんだ」。そう言ってNさんは、登校している子供たちを見る。「あの時代に踏ん張って、頑張った結果がさ。少しでもあの子たちの、暮らしの役に立ってると思うと、ねえ。嬉しいねえ」。ズズとお茶を飲む姿に、哀愁がある。……カッコいい！

そうして引き継ぎが終わると、それからは8時間、一人での勤務になる。夕方になると、浜崎あゆみ熱唱の〝あゆおじさん〟がやってくる。おじさんとの引き継ぎは、Nさんとの優雅な時間とは違って、とんでもない時間だった。

「相撲取ろうよ国崎くん。どっちが強いか勝負しない⁉」ある日、何を思ったのかおじさんにそう言われ「休憩中ならいいですよ」とOKしてしまった。その日から、おじさんといつも全力で相撲を取るはめになった。僕より体格のいい、少し小太りのおじさん。そんなおじさんと、小さな部屋で、大の大人が相撲を取るのだ。だいたい僕が負けて、おじさんは僕に向かって「まいったか!!」と大声で言う。

「まだまだ！　横綱をもっと見ないと！」

僕に勝ったとき、必ずおじさんはこれを言ってきた。これがもう意味わかんなくて、いつも笑ってしまった。


さらに曲者なのは、このおじさんの人生。ここに来る前の彼は、ホームレスだったというのだ。「5年間、家無し!!　ダンボールハウスだったよ、ははは!!」笑顔の歯が、見えるだけでも4本しかない。「ホームレスを経て、このスタンドが拾ってくれた！感謝してる！　今スッゲー幸せだよ！」熱弁しながら、おじさんは家無し時代のことを語ってくれた。

「風呂がないから、だいたい公園の水道なんだよ。トイレにシート敷いて寝たりして」

「コンビニのスティックパン6本だけで、1週間も過ごさないといけなくてさあ！　しかも、食べるペース配分間違えちゃって。1日目にさ、3本食べちゃったんだよ。残りの5日が2本しかないんだよ!? ぅ〜〜っ、なんなんだ……地獄だったよ。なんなんだよ!マジむかついたなあああああああ!!」

はじける狂気が、本物だった。

彼には伝説がある。家無し時代、上野の炊き出し会場におじさんが並んでいると、まったく同時刻に、池袋にある別会場の炊き出しに並んでいる彼を、仲間たちが目撃したらしい。「ビックリでしょ!?」同じ時間に二人存在していたおじさんに対して、仲間たちは「〇〇ちゃん、よっぽどお腹が空いてたんだね〜!」と言ったという。

「俺がもう一人並んでたんだって! よっぽどお腹すいてたんだろうなあ〜!」

愉快な人だった。そんな人だから一気に仲良くなり、おじさんが世話になったらしい〝チャイさん〟という人物に会いに行ったことがある。その方はダンボールハウスの住人なのだが、おじさん情報では、チャイさんのダンボールハウスは、テトリスのL字型の棒を横にしたような形をしているらしい。「だいぶ前だから、残ってるといいんだけどなぁ〜」そう言う不安そうなおじさんと、上野のそこらじゅうのダンボールハウスを探し回った。しばらくして、おじさんが叫んだ。「あれ、あれ!!」指をさした向こう側に、確かにLを倒したような家があった。「あ、あった……！」おじさんが勢いよくL字型ハウスに走っていく。長細いダンボールの先で、おじさんが何やら見つけた模様。よく見ると、ダンボールの家に、ダンボールの小窓がついている。

その小窓を「チャイさーん！　チャイさーん！」と、おじさんが勢いよく叩く。

コスコス！

コスコス！

コスコス！

ダンボールでできているから、ノックの音が聞いたこともないような音をたてている。

コスコス！

「チャイさーん！」

コスコス！

コスコス！

「チャイさーん!!」

コスコス！

コスコ…

『スッコーーン!!!!』

ダンボールの小窓が「スッコーン!!!!」と、開いた。

「誰だあああ――――!!!!」

ダンボールの小窓から、チャイさんであろう顔が、ついに出た。

「誰だあああ――――!!!!」

「チャイさん！　俺だよ〇〇だよ！　久しぶり!!」

「……〇〇ちゃ〜〜ん!!」

チャイさんの顔が、みるみる満面の笑みになっていく。その溢れんばかりの口元は、おじさん同様、歯が何本もない。


ダンボール小窓を挟んでの、おじさんとチャイさんの再会は漫画みたいだった。そのあとチャイさんの家に案内されたが、入り口が狭く、ほふく前進で進んだので、おじさんと途中で「チャイさん狭いよ〜！」と笑ってしまった。

そんな中番のあゆおじさん。さらに、あたたかい感情をくれる、夜勤のNさん。この二人に挟まれながら、早番で働かせてもらっていた。


仕事に慣れてくると、8時間の〝魔の部屋〟での過ごし方もわかってきた。おじさん

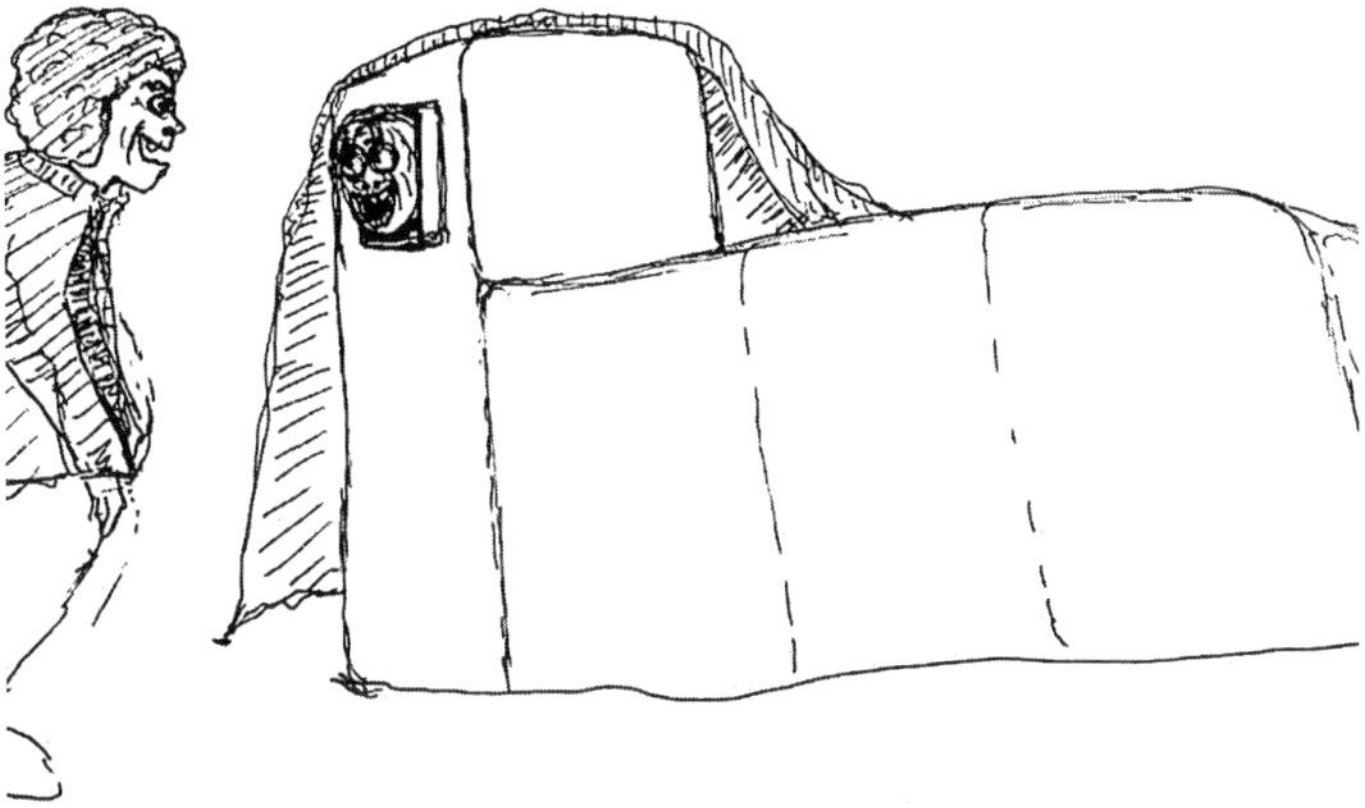

があゆになりきる、魔の部屋。ただただ8時間、一人。お客さんが誰も来ない静かな日は、無人島にいる気分だった。そんな魔の部屋で、せっかくだから、なんか芸ごとに役立つような、芸の肥やしになるようなことができないかと思った。

そこで、部屋の窓ガラスはマジックミラーになっていて、外からは見えないのをいいことに、自分に向かって、「調子どう?」と話しかけた。そこから、ずーっと自分に話しかけたり、変な顔をしたり、とぼけたり、怒ったり、ギャグをしたり、外の道で歩いてる人たり、室内からギャグを飛ばしたりした。さらに、店の外に見える歩道の電柱とかにも、「よぉ!」と話しかけたりして、「元気ィ〜?」と会話をした。

本当に何もなかったのだ。誰もいない時間がありすぎて、電柱に話しかけていた。ただ、電柱と話すのも楽じゃない。電柱にもいろんなタイプの電柱がいて、何言ってるんだと思われるかもしれないけど、なかなか笑わない電柱もいた。そんなときは笑うまで変な顔をしたり、オナラをこくさまを電柱めがけてしたりしていた。

電柱だけに飽き足らず、スタンド内のカラーコーンにも話しかけた。カラーコーンの告白を手伝ったこともある。駐車スペースにいるカラーコーンが、自分で告白するのが恥ずかしいというので、代わりに洗車機前の綺麗なカラーコーンに、「あいつ、君にホの字らしくてさ……」と、好意を伝えてやったりした。

また、カラスともよく絡んだ。カラスが電線に止まるたびに、「ヤッター!!」「スッゲー!!」と喜ぶ。その名も〝カラスが飛んできたら、とにかく嬉しい男〟。

こんなのを、何を思ったか9年していた。9年間だ……。今考えると、まったくの時間の無駄だった。もっと、もっと有意義に時間を使うべきだった。いつだったか、営業ライブで一緒になったアンゴラ村長が、「芸人初の気象予報士になりたいので、勉強してるんです」と、忙しい合間に本を広げて勉強している姿を見て我に返った。これだ。芸の肥やしになるとは、このことだったのだ。9年間、窓に映る自分を笑わせようとしたり、電柱に話しかけたり、ジョークを飛ばしたり、オナラをこいたり、カラーコーンの告白を手伝ったり、カラス嬉しい男だったり、そんなことではまったくなかった。気象予報士の仕事はある。電柱に話しかける仕事などない。電柱に、オナラをかます仕事なんかない。カラーコーンの告白を手伝う仕事はない。〝カラス嬉しい男〟の仕事なんかない。『やだもう〜!』だけが残った。

それでも、バイトを辞める際に、スタンド本社の社員さんが「今までよく働いてくれたから」と、リュックをプレゼントしてくれた。仕事だってそうだ。いろいろな業務（旗振り・ローリーの仕入れ・油種点検）をさせてもらえて、いい経験になった。9年もいると、スタンドのスタッフも入れ替わっていった。お茶を飲む仲だった夜勤のNさんは高齢ということもあり、数年前にこの仕事を辞めてしまって、どうしているかわからないけれど、元気でいてほしい。元気なら、最高だ。

さて、スタンド勤務の終わりが近いある日、昔、Nさんからもらった急須で入れたお茶を飲みながら、スタンドの外を眺めていた。いつものように路地を歩く人やら、登校する小学生やらが歩いていて、その中を、学生服で進む男の子がいた。

『あの子は、いつまでもおチビちゃんのままだね〜』

Nさんとずっと見ていた小学生の男の子は、中学生になって、少し大人びていた。竹刀袋を持っているから、剣道部だろうか。

Nさん。あの子、けっこう大きくなりましたよ。剣道部みたいですよ。あんなにランドセルが大きかった、おチビちゃんがですよ、はは。

ねぇ、Nさん。激動の昭和、あなたが頑張ったおかげでこの景色があるんだと思うと、明日も頑張ろうという気分になりますよ。

Nさん。あたたかいお茶を、本当にありがとうございました。あなたのおかげで、いつも街が輝いて見えます。

―夕方―

オイッス～!と、あゆおじさんが出勤してきた。

「休憩中?　一番取ろうか!」

「いいですよ。今日こそは負けませんよ～」

バイトを辞めるまでに、一度は勝ちたい。

「はっけよい！」

小さな部屋で、大の大人が相撲を取る。

「のこった、のこった！」

本気で、負けじと相撲を取る。そのうちの片方は、浜崎あゆみ本人になりきって、泣いたことがある46歳。もう片方は、カラーコーンの告白を手伝ったことがある33歳。どちらも負けじと、踏ん張って踏ん張って、のこったのこった、時間いっぱい。いつものように、おじさんは僕を豪快に投げ飛ばす。

ドスーーーン！

「まいったか!!」

嬉しそうに笑った口からは、当たり前のように、歯が4本。見えるだけでも、歯が4本。

さあ、いつもの決め台詞がくるぞ。

「まだまだ！　横綱をもっと見ないと！」

何がなんだか、笑ってしまった。

一学年上の奴ら

あたくしの一学年上の人は、変な人だらけだった。小学校5、6年生の合同スキー学習。はじめはみんな初心者だからとリフトに乗らず、ゲレンデの下でスキー板を履いて練習するのだけれど、「ぼくは、大丈夫」と、一学年上の、6年生の尾崎くんは、スキー経験ゼロなのに、リフトに乗って、山の上まで行ってしまった。

ザワ　ザワ　ザワザワ

まわりが唖然としていると、しばらくして、上のリフトから連絡があった。山頂のすべり口で、腰を抜かして泣いている子がいるという。尾崎くんだった。付き添いの先生と一緒にリフトに乗って帰ってきた尾崎くんは、涙目で、まるで奇跡の生還をはたしたかのように、おいおいと泣いて帰ってきた。そして暖かい部屋に案内されて、落ち着くまで温かいお茶を飲まされていた。謎だった。

あたくしの一学年上は変な人たちだらけだった。

赤倉くんという人もいた。これは同じ学年の野球部の小山くんから聞いた話で、赤倉くんも野球部だったが、あまりに運動音痴で、試合で一本もヒットを打ったことがなかったらしい。

しかし、ある試合で、赤倉くんが振ったバットが、なんと「カキン！」と、ボールに当たった！　ボールが転がっていき、ベンチから「や、やったー!!　走れ!!　走れ赤倉ー!!」とまわりが叫び、みんなの猛プッシュの声に赤倉くんはハッ！として、そのまま三塁に走りだした。「あ、赤倉ー!?」とまわりが叫ぶ最中、赤倉くんは、必死の形相で三塁にスライディングをした。

ズザ――――!!

地面をこする音が鳴りひびき、そこから立ち上がった赤倉くんは、パッパッと顔や服についた泥をはらい、みんなに向かってガッツポーズをした。そのあと、アウトになった。

さらに、ハマくん、マルヤマくんという人もいた。友達の西海くんの家に遊びに行ったとき、西海くんは何やら家の外で弱っていた。「どうしたん？　カービィやろうよ」と言うと、「だめやわ、さっき家乗っ取られてん！」と決死の形相で言ってきた。ええ…？

と見ると、西海くん家の二階の窓から、ハマくんとマルヤマくんが、エアガンを持ってこちらを見てきた。「ほらな、ほらな?」西海くんが言うと、マルヤマくんが西海くんめがけてエアガンをパパパパパパ!と撃ってきた。「ぎゃあああ!」西海くんが物陰に隠れて、「くそー!! なんなん!! くそー!!」と言っていると、二階の窓から、チョイチョイと二人が手招きで僕を呼んでいる。少しパニックになったが、西海くんに「国、ちょっと行ってきて!」と言われたので呼ばれたまま家に入ると、「よく来たな、いらっしゃい!」と、ハマくんもマルヤマくんも、二人とも僕を大歓迎してくれた。

「お菓子もあるよ! ジュースも!」ニコニコでハマくんが持ってきてくれて、普段なら食べられない量のお菓子を、三人で囲んだ。「んめーなー! これなんなんやろ? イカ? ほら、食ってみ!」駄菓子屋にあるあの赤いスルメを、そのときはじめて食べた。お菓子を食べながら二人が話すには、「この家ね、乗っ取ってん! このままここで暮らすんやー!! 海賊団みたいやろ!!」と息巻いていた。当時、漫画のワンピースが流行っていて、その海賊ごっこの延長線で、ハマくんマルヤマくんは、西海くんの家を乗っ取ったのだ。さらにマルヤマくんが「国もお菓子食べたなら、もう一員やでな!」と、肩をポンポンしてきた。

「……」

とんでもないことになった。知らない間にお菓子とジュースで盃を交わし、自分は、『ハマ・マルヤマ海賊団』に入らされたのだ。しかし、お菓子もあるし、ジュースもあるので、なんだか…、なんだかんだいって…、この海賊団は、心地が良いと思えてきた。さらにマルヤマくんが、「国に、これやる！」と、エアガンを一丁貸してくれた。目をギョロつかせながらエアガンを構えると、「いいぞ国ぃー！」と二人からおだてられたのもあり、すっかりその気になって、「まかしてよ！　全員やっちゃうよー!!」と、スーパー調子をこいていた。

しかし、時間が経ち、あたりがすっかり暗くなってきて、二人とも、「帰るかー！」と言いだした。

ハッとした。『ハマ・マルヤマ海賊団』は……？　こちとら、もうハマ・マルヤマ海賊団でいる覚悟でいるのに、それなのに、二人とも、帰り支度をしているぞ…!?　そして、「じゃーなー！」と、二人はすんなり帰っていった。ハマ・マルヤマ海賊団は、あたりが暗くなってきたからという理由で、解散してしまった。

二人が帰ったあと、あわてて家に入ってきた西海くんに、大丈夫やったか!?と聞かれたが、お菓子をたらふく食べて、なんならエアガン片手にハマ・マルヤマ海賊団でやっていく気だったとは言えず、「ほんま、危なかったちゃ…！」と、苦しい顔で、被害者のフリをした。

「見て西海くん！　奴ら、ホラ！　お菓子もほら、ひっちゃかめっちゃかにしくさって!!ねー!?」

そうアピールして、

「くそー!!　なんなんやろね!!　腹たってきたわ!!　許せんちゃね！　ほんま！」

そう激怒し、被害者ぶった。自分ながら、恐るべき豹変だったと思う。


幼少期、変な人が山ほどいた。あの変わった人たちは、今でも元気だろうか？　今でもリフトに乗ったり、三塁に走ってガッツポーズしたり、エアガンで家を乗っ取って、あたりが暗くなる前には帰るだろうか？　そうあってほしい。

いつかまた、どこかで偶然会えたときは、まだ「変だなこの人」と思えるような。なかなか難しいだろうけど、そうあってほしい。そうでなきゃ。

あのときの表情で、お会いしたい。

しぜんはいくクラブ

小学3年生のとき、クラブ活動で『自然俳句クラブ』に入った。漢字は、あとになってわかる。

仲の良い友達は、色々なスポーツをして鉄人になろう！という『鉄人クラブ』やら、『ゲームクラブ』やらを希望したが、山が好きだったのと、〝しぜん〟という文字があったので、自然で好き勝手に遊べると思って、『しぜんはいくクラブ』に入った。〝しぜん〟という文字に気を取られすぎて、あとからくる〝はいく〟という文字をあまり気にしなかった。何より、〝俳句〟をまったく知らなかったのだ。だから、
第一希望「しぜんはいくクラブ」

第二希望「鉄人クラブ」

と、紙に書いて出した。希望書を出してしまったあとに、〝はいく〟という文字の奇妙さに気がついたが、〝たいいく〟と〝はいく〟が似てたから、似たようなもんだ、自然で

やる体育なんだ、すごいぞ自然でやる体育は、と自分に言い聞かせた。

そして、僕は「しぜんはいくクラブ」に入った。一回目の「しぜんはいくクラブ」のとき。外に出るのかと思いきや、授業は図書室でやるという。自然でやる体育でしょう？　なんで？　と思いながら図書室に入ると、「あれ？」と思った。3、4年生合同授業なのに、教室に6人ほどしかいなかったのもあったが、同じクラスの運動嫌いの川田くんがいたのだ。

「か、川田くんもこのクラブ？」そう聞くと、「そうだよ。ボク、はいくを習いたいんだよね。国ちゃんも？」と返された。どんどん嫌な予感がしてきた。

「うん、そう……。おらも……」

「夕焼けやー!!」

「！」

向こうの席に、何やら熱心に本を見て、声に出して読んでいる一学年上の女の子がいた。その子は、「夕焼けや！　なんたらかんたら！　目にしみるー！」みたいなことを言っていた。俳句などまったくわかっていなかった僕にとって、この女の子は狂気そのものだった。なんだコイツは!?　大声で何を言ってるんだ!?

女の子「ららら〜！　ほにゃららららら！　ほにゃららら〜!!」

ガララ！「ごきげんよう〜!!」

図書室に中田先生が入ってきた。中田先生といえば、書道の授業をしている初老のおばちゃん先生だ。体育の浦先生じゃないのか……!?　どうして……??

中田先生が喋る。

「聞こえたわよ〜○○さん！　素敵じゃない〜。すごい!!」

女の子「はい！　ほにゃららら〜！　夕焼け夕焼け！　夕焼けけ〜!!」

僕は、頭がおかしくなりそうだった。自然は……??　体育は……??　外で遊ばないの……??　さらに中田先生は、「今日はみんな元気いっぱい！　思ったこと紙に書いて、それ声に出して読んでみよ〜う！」と言った。みんな、紙に思ったことを書き、声に出しまくろうというのだ。そして、全員、立ち上がった。

「本がいっぱい〜!!」

「図書室〜!!」

「本〜！」

「本だな――!!　本だらけ〜！」

「本の匂い〜！」

「ほーん！」

力いっぱい、それぞれ叫んでいた。運動嫌いの川田くんは、「図書室だー！」「本がいっぱいだ！」「嬉しいなー‼」みたいなことを大声で叫んでいた。


僕は腰を抜かした。みんな、みんなイカれていると思った。

中田先生も、「いいわよォー！」「本だらけだもの、ねー！」「みんな元気ぃー‼」「ほーん！」など叫んでいた。みんな大声で叫ぶ光景が、未だに鮮明に目に焼き付いている。

とんでもないクラブに入ってしまったと思った。

「本だらけー‼」

鉄人クラブに入るべきだった。

「本がいっぱい！」

「嬉しいなー！」

「ほーん！」

「そうね、本だらけねー！」

鉄人クラブに入るべきだった。

「図書室〜！」

「本がずらーっと並んでるー！」

「ほーん！」

「みんないいわよォ！」

鉄人クラブに入るべきだった。

「ほ―――ん!!」

鉄人、

「嬉しいなあ!!」

クラブに、

「みんないいわよォ!!」

入るべきだった。


失敗した。『しぜんはいくクラブ』は、とんでもないクラブだったのだ……。

二回目の授業で、中田先生は、「これからみんなで、いろいろな俳句を作ろうー！」と意気込んでいた。どうやら俳句というものは、「夕焼けや　カラスも急ぐ　帰り道」

みたいな「五・七・五」のリズムで唱えるもんだと、熱心に教えられた。さっぱりわからんかったが、ちびまる子ちゃんの友蔵のアレがそうなんだなあと、ぼんやり思っていて、さらに熱心に話す中田先生だったが、僕は何も聞いちゃいなかった。鉄人クラブにすればよかったと、ずーっと思っていたのだ。

ああ、鉄人クラブ……。サッカー、水泳、バスケットボール、野球、なんでもござれな、素敵な鉄人集団……。ああ、鉄人クラブ……。クラブ活動は、次の学年まで続くという。1年間、僕は『しぜんはいくクラブ』なのだ。どうしよう……？　そう考えていると、中田先生が「外に出るわよー！」と言いだした。

「外で、俳句を作るのよォ！」

「!?　!?」

前回、図書室でやった「アレ」をまたやるのか!?　図書室でみんなで一斉に叫んだ「本があるー!!」「図書室ー！」「ほーん！」「いい匂いー！」「嬉しいなあー！」「みんないいわよォ〜！」を、外でやるの……!?

「校庭に行きましょうー！」

あぁ、校庭のとなりには、グラウンドがある。十中八九、『鉄人クラブ』のみんなと鉢合わせる……。

「さあ、行くわよぉ～！」

あぁ、グラウンドで鉄人クラブのみんながサッカーをしている。なんて楽しそうに。鉄人クラブのみんな、逃げてくれ……！　『しぜんはいくクラブ』は、とんでもない集団なんだ。目で見たものを大声で叫ぶ、イカれた集団なんだ……。逃げてくれ。

「さあー、みんな座って。今から、さっき言った俳句、作ってみよう！」

シートを敷き、みんな座る。

「木のゆらぎとか、風の音とか。見たもの聞いたものなんでもいいから五・七・五のリズムにあわせてみてね」

僕は憂鬱だった。山を駆け回ると思っていた……。川で魚を捕まえると思っていた……。洞窟を、探検すると思っていた……。


「先生、できましたー！」

一学年上の女の子が、何やら一句できたらしく、先生に見せる。

「うん、うん……。はい、はい！　うん、素敵ねー!!」

中田先生はそう言うと、

「さあーご褒美。はい、どうぞ～！」

カバンから「でっかい飴玉」をひとつ取り出して、女の子に渡した。

「「！！！！！！！」」

みんな、衝撃を受けた。先生が…、学校に…、でっかい飴玉を持ってきた!! 先生が…、学校に…、でっかい飴玉を持ってきた!!!! それを…、僕たちに…、くれようとしている!! 学校で…、給食以外のものが…、食べられる!!

それを見たみんなは一気に俳句を作りはじめた。「せんせえ！」「できました！」「はい！」中田先生の前に列ができる。「せ、先生ぇー!!」僕もその中に並んだ。そして、「うん、うん！はーい、ご褒美！」中田先生から飴玉をもらい、口に頬張る。

「〜」

その飴玉は、普段なら絶対食べられないこの小学校で、得も言われぬ背徳感の味がして、信じられないくらい美味しかった。

そこから……。

僕にとって、真の『しぜんはいくクラブ』がスタートしました。それからの日々、中田先生がいろいろなお菓子を持ってきては、俳句を作るたびにご褒美だと、僕たちに与えて下さいました。僕は、必死で必死で俳句を作っては、先生から、ご褒美のお菓子をいただきました。俳句を作って作って、作り続ける日々。

小学校3年生。他の授業中でも、僕の頭の中は、『しぜんはいくクラブ』のことでいっぱいになりました。俳句を作れば、お菓子がもらえる。俳句というより、俳句のあとのご褒美が、何よりの目的でした。ああ、本当に『しぜんはいくクラブ』に入ってよかった。心からそう思いました。

いつだか、校庭で『鉄人クラブ』と鉢合わせたことがありました。そのときも僕は、鉄人クラブに入った当時仲の良かった濱井くんが、サッカーをしながら話しかけてきてくれたにもかかわらず、「濱井くん　サッカーするよ　笑顔だね」と、五・七・五ですぐさま中田先生に提出して、「はーい、ご褒美!!」と、ご褒美をもらい、お菓子を頬張る始末。濱井くんは、それを見て引いていました。もはや僕は、友すらも平気で俳句に売る、俳句の鬼と化していました。

そんな楽しいしぜんはいくクラブの1年が終わり、次の年のクラブ希望の用紙が配ら

れていきます。僕の心は、『しぜんはいくクラブ』一択。誰がなんと言おうが、
第一希望　しぜんはいくクラブ
第二希望　しぜんはいくクラブ
と書くつもりでいました。しかし、僕は用紙を見て唖然としました。鉄人クラブやパソコンクラブ、バドミントンクラブなど、多数クラブはあれど、『しぜんはいくクラブ』の名前がないのです。どこを見ても、ないのです。なんと、しぜんはいくクラブは、この1年で、消滅してしまったのです。

しぜんはいくクラブが、なくなった……！　しぜんはいくクラブが、なくなった……！　し、しぜん、はいくっ、クラブが……！　僕は、むせび泣きました。ところかまわず、むせび泣きました。今なら一句読めます。

【　オヨヨヨヨ　しぜんはいく　クラブがない　】

濱井くんが、引いていました。

あれから23年、「しぜんはいくクラブ」さん。

今、二人で過ごしたいろんな出来事が、場面が、思い浮かんでいます。小学校で食べた何度かのお菓子、そして友人への、あの珍行動。どれもが本当にこんな楽しいことがあっていいのかと思うばかりの素晴らしい時間でした。最後になったのが校庭でのシュークリームです。あのときのあの甘いシュークリームは、お互いの労をねぎらっているようで、一生忘れることができません。

あなたは今この会場のどこか片隅で、ちょっと高いところから、あぐらをかいて、ひじをつき、ニコニコと眺めていることでしょう。そして私に「お前も俳句やってるなら一句でも詠んでみろ」と言ってるに違いありません。あなたにとって死もひとつの俳句なのかもしれません。

私は人生で初めて読む弔辞が、あなたへのものとは夢想だにしませんでした。私はあなたに生前お世話になりながら、ひと言もお礼を言ったことがありません。それは肉親以上の関係であるあなたとの間に、お礼を言うときに漂う他人行儀な雰囲気がたまらなかったのです。あなたも同じ考えだということを、他人を通じて知りました。しかし、今、お礼を言わさしていただきます。しぜんはいくクラブ先生、本当にお世話になりました。ありがとうございました。私もあなたの数多くの作品のひとつです。　合掌

缶蹴り

Qちゃんへ

またさ。缶蹴り、やろう！

あたくしは、子供のころからまったく勉強せず、暇さえあれば漫画を読んでいたり、外に出て遊び呆けていた。缶蹴りに至っては、中学生までしていた。

中学校3年生。近所の小学校の校庭で、日が暮れて何も見えなくなるまで、缶蹴り。暗い輪郭の友達たちが「またな～」と帰り出す中、あたくしと、もう一人。みんなからは〝Qちゃん〟と呼ばれていた東海くんだけは、真っ暗になっても缶を蹴っていた。

Qちゃんはとびきり頭がよくて、なんでも我が県で一番の高校に行くらしい。すごい。あたくしは県でピリけつの高校を受験するが、Qちゃんとはなぜかウマがあい、よく遊んでいた。

受験の時期。お互い違う高校になるということで、「そっかあ、もう缶蹴りできんかね」「いや大丈夫、高校行ってもやろうちゃ」と会話をしていた。

そしてお受験戦争。その春、Qちゃんは見事にスーパーアッタマいい高校に合格。あたくしも、スーパーピリけつ高校に合格した。

「国やったな！　すき家おごるよ！」

Qちゃんは、自分が合格したことよりも、ピリけつ高校に受かった自分を褒め称えてくれた。性格までいい奴だった。あたくしも調子に乗り、

「マジでお受験だった〜！　マジ紙一重！　豚丼特盛でヨロピコ〜！」とはしゃいだ。

当時はまだ携帯電話を持っていなくて、連絡手段はもっぱらの家電。相手の家にかけるとだいたい親が出て、「〇〇くんいますか？」と代わってもらい、そこから話すのだ。今みたいに、ＬＩＮＥでポン！みたいな便利機能はなかった。

高校に入学して、部活にも入り、友達もできた。部活が忙しくなり、バイトも始めたこともあって、なかなか連絡をとるのがむずかしくなってきた。ずっとバタバタして、あ

んなに遊んでいたQちゃんとは、あまり遊ばなくなっていった。

そのまま月日は流れていってしばらく経ったある日、久々にQちゃんから連絡がきた。

「ご飯食べにいかない？　おごるよ、すき家」

二人で4キロほどの田舎道を、チャリを漕ぎ、街に出て、すき家に入った。

Qちゃんが「国みたいにバイトしてないからあんまし金ないけど、今日は俺のおごりだからさ」と、ニコリとした。その日、あたくしは誕生日だったのだ。久しぶりの再会に会話がはずんで、そこからまたそれぞれの生活に戻っていった。


そして高校を卒業して、東京に来た。


上京して3年くらい経ったときに、久しぶりに田舎に帰って、『そういえばQちゃん元気かな？』と、Qちゃん家に電話した。

「はい、東海です」

いつものようにQちゃんのお母さんが電話に出た。

「もしもし、国崎です。こんばんは。あの、Qちゃんいますか？」

「……あー国崎くん？　ちょっと待ってね、Q〜！　国崎くんから電話〜！」

Qちゃんのお母さんは相変わらず自分を覚えてくれていて、Qちゃんを呼んでいた。そして、これから会うことを約束して、電話を切った。

集合場所は、なぜか中学校の校門前だった。真っ暗だけど街灯がポツポツある田舎の中学校に、あのころのまま、「やあ、国」と、Qちゃんが来た。久しぶりだねー、と言ったQちゃんは、なんだかやつれているような気がした。

少しずつ、すこーしずつ、お互いがポソポソと会話をして、ああそうだ。これがQちゃんだ、そうそう、うんうん。と、お互いのリズムがスムーズになったとき、Qちゃんが「俺さ、実は中卒だよ～」と、寂しそうに笑った。

「え?」

高校に入って、あまりその高校に馴染めずに、不登校になっていたらしい。

「そうなんだ」

そのことを、そのときはじめて知った。

Qちゃんは、スーパーアッタマいい高校に入り、スーパーアッタマいい街道まっしぐらだと思っていたのだ。


続けて彼は、「なかなか言えんくてね。登校しても図書室で本読んでてさ。まあ登校してたからなんとか卒業できたけど、ギリギリ高卒か。あはは」と、寂しそうに笑った。


「そっかあ……あの、」

「国、走らない？」

「え？」

「よく部活で走ってたやん。校舎周り、10周。おもいっきり走ろうで。な。俺、最近引きこもってるから走れるかわかんないけど、走らない？」


急にQちゃんが、校舎の周りを走ろうと提案してきた。中学校のとき、部活で毎日330mある校舎の周りを10周走っていた。

「うん、いいよ。やろうか」
「やるからには、全力ね」
「あはは。はいよ！」

校舎の周りを、よーい、ドン！　で走り出した。

タッタッタッ　タッ　タッタッタッ　タッ　タッタッタッ　タッ
タッタッタッ　タッ　タッタッタッ　タッ　タッタッタッ　タッ

夏の、真夜中なのにセミがどこかで鳴いている真っ暗な校舎の周りを、何も言わず、ひたすら二人で、ただただ全力で走った。

Qちゃんは運動不足もあってか、3周目に入ると、だいぶ差がついてきた。
それでも、汗だくになりながら全力で走った。

「はっ、ハァ、ハァ、ハッ」

高校生のとき、
自分の弱音を一切吐かず

「ハァ、ハァ、」

僕の誕生日に、あまりお金もないのに、

「ハッ、」

すき家で豚丼特盛を頼んだ自分に

「ハッ」

明るく笑ってくれた。

「ハ、」

誕生日だからと、

「はっ、ハッ、」

おめでとうと、笑ってくれた。

「、」

高校に合格したときだって、

「ハッ、」

そうだった。

「、ッ」

いつも、そうだった。

「ハ」

いつも、

「、」

「、」

「、」

酸素が足りなくなって、

「、」

何も考えられなくなってきた。

最高の友達と、今　全力で走っている

「、」

それだけで、いいじゃないか。

10周走り終わると、ぐでんと地べたに倒れ込んだ。

「はあ、はあ、はっ、はあー」

しばらくして、Qちゃんもやってきた。

「はあ、ハァー、はっ。やあ、ハァ」

ぐでんと、倒れ込んだ。

「はっ、ははは、はあ、ははは！　っちゃ、ハア、疲れた、ははは、ハァ」

「はあ、ははは、うん、はあ、はは」

「暑い、暑い、はーあ、ハァ」

「ああ、暑い、ね」

「ははは、」

「はあ、はあ、ハァ、は」

「ハァ、ははは」

「はは、は」

田舎なのもあって、あたりは真っ暗な中Qちゃんが、

「はあ、はあ、なあ、国。また缶蹴りやろうよ、はは」

思い出したかのように言った。

「また、さ、あそこで、はっ、はあ、缶蹴り、ハァ、やろう。はは、ハァ」

それがその日、Qちゃんが一番伝えたかったことなんじゃないかと思い、

「はあ、はあ、もちろん！　やろう！」と返した。


しばらくして、走っているときは忘れていた、セミの声が聞こえてきた。

あれから何年も経ったけど、Qちゃんとは携帯の連絡先も知らないままだ。知りたいならわかるのだけれど、あのころのまま、家電でいいと思ってしまう。コロナの自粛があけたら、田舎に帰って、久しぶりに電話してみよう。久しぶりに会って、缶蹴りをしたい。

田舎の、山に囲まれた小学校の校庭で。
真っ暗になるまで、缶を蹴って。
みんなが「またなー」と帰ったあとで。
缶がどこに行ったか、わからなくなるまで。
お互いの輪郭が、わからなくなるまで。

Qちゃん

またさ。缶蹴り、やろう。

「もしもし、」

「あのー、Qちゃんいますか?」

「ああ、はいはい。Q~! 国崎くんから電話よー」

これでいいのだ。

としかわ軍団

キングオブコント２０２１で空気階段がドカンと優勝した！　彼らはすぐそのあとの情報番組に出演することになり、数分後にはビートたけしさんと共演していた。そのとき、たけしさんが空気階段に「優勝して、これで芸人を辞めずにすんでよかったじゃない」そう言っていた。

その一方で、〝しめじクリニック・中山亮〟という、僕の芸人仲間だった中山亮さんは、近々、芸人を辞めるという。

亮さんと知り合ったのは、〝としかわトーク〟という、仲のいい先輩芸人、モダンタイムスさんが主催しているライブだった。メンバーは当時、モダンタイムス、本田らいだ〜△、がっつきたいか・倉田、おかえりママ・むね、や団・中嶋、スーパー3助、矢野号、しめじクリニック、五次元インパクト、ひぐま岬、浜村凡平、４０００年に一度咲く金指、ウェンズデイズ、マツモトクラブ、ランジャタイという、僕ら含めて、「誰なんだお前らは」のメンバーで構成された、お笑いライブだった。しかも、3時間以上あるこのライブ。客8人。もう一度言うけど、3時間以上ある、「誰なんだお前らは」ライブ。客8人。それが、としかわトーク。千川びーちぶ、お笑い地下ライブ。

まず、オープニングトークでモダンタイムスの二人が登場する。そして、次々と「誰なんだお前ら」と思う芸人が登場してくる。ウェンズデイズ、本田らいだ〜△、しめじクリニック……そんな中、4000年に一度咲く金指、というピン芸人が登場する。

「どーも〜ごきげんよう。4000年に一度咲く金指です。あのですねえ、わたくし最近ですね……」4000年に一度咲く金指がトークしていると、「うるせえよ金指！ぶっ殺すぞ！」と、本田らいだ〜△が、いつも乱入してくる。

金指「なんなんですかあなたは！」
本田らいだ〜△「うるせえよお前よォ！　俺がぶん殴ってやんよ!!」
金指「やれるものならやってごらんなさいよ！」
本田らいだ〜△「ああんお前ェ!?　やってやんよ!!」
金指「どうしようもない人間ですね……かかってきなさい!!」
本田らいだ〜△「ぶっ殺してやんよ!!!」

金指「のぞむところです!!!」

こうして、この二人が、殴り合いのケンカになる。客8人。4000年に一度咲く金指、本田らいだ〜△……。投げ飛ばし、ぶん殴り、お互い首を絞め合って、顔が真っ赤になって、白目で「キヒー!!!!」と奇声をあげ、大乱闘。司会のモダンタイムスとしみつさんが、「もうなんなんだよォ、やめてくれよォ!」と言いながら、みんなでゲラゲラ笑う。最後は金指くんが、「今、殺してさしあげますよ!!」と、馬乗りになって本田らいだ〜△の首を絞めて、本田らいだ〜△が死んで、そのくだりは終わる。

としみつ「なんなんだよ、もう帰ってくれよォ〜」

そのあと、その本田らいだ〜△の死体を放置したまま、次のメンバーが紹介される。

としみつ「さあさあ皆さま、続いての芸人はこちらでございます!」

地獄のライブだった。しかもこのオープニングトークだけで、1時間以上あるのだ。そのあと芸人たちがネタをやるのだが、モダンタイムスは自分たちが主催なのをいいことに、各コンビネタ1本なのに対し、自分たちは5本やると言いだす。

みんなで「ふざけるな!!」と文句を言っていると、「おいぃぃい！　いい加減にしろ――――!!」と、死んでいたはずの本田らいだ〜△が生き返る。「としさん！　話は聞かせてもらいましたよ！」立ち上がった本田らいだ〜△が、その勢いで「そんなの許されるわけあるかァァァ!!」と、司会のとしさんに殴りかかる。

としみつ「……。」

しかし、としさんがパッと手をかざすと、
本田らいだ〜△「ぐっ……!?」

本田らいだ〜△の動きが、ピタリと止まる。

本田らいだ〜△「う、動けない……!!」

なんと、としさんには『超能力』があったのだ。

としみつ「……。」

そのままとしさんが手を下げると、
本田らいだ〜△「たっ、助けてくれ…!!　ぎっ！　あぎゃあああああああああああ!!!」

絶叫して、パタリ……。本田らいだ〜△が、また死んだ。

客8人。誰も笑ってなかった。

それでもやる、『としさん実は超能力ありました』のくだり。
としみつ「さあさあ皆さま、それではネタにまいりましょう～！」
地獄のライブだった。肝心のネタは、オープニングが長すぎたせいで、みんなスベり散らかした。さらに各コンビの間に、「ネタ5本やります！」と言い張っていた、モダンタイムスがめりこんでくる。
としみつ「お楽しみ下さい～！」

客8人。モダンタイムス、ネタ5本。ゼロ笑い。

次に大喜利のコーナー。メンバー全員大喜利が苦手なので、テレビに出る前に大喜利を克服しようというコーナー。しかし、大喜利がはじまるとみんな何も思いつかず、なかなか手をあげず、たまに誰かが恥ずかしそうに手をあげては、恥ずかしそうに答えて、信じられないくらいスベる。毎回、本田らいだ～△の回答が、どんなお題に対してもすべてうんこの絵で「うんこですね」と答えて、誰も笑わない。本人だけが「えへへ」と笑う。

としみつ「もう頼むから帰ってくれよォ〜」

『こんな校長先生は嫌だ』に対して「うんこですね」。そりゃ帰ってほしくもなる。そのあとまた、みんなが回答する中、本田らいだ〜△は、恥ずかしそうにホワイトボードに描いたうんこの絵を消して、「うーん、そうだなあ〜！」と、考えだす。そしてまた、何か思いついたのか新しくホワイトボードに描きだした。僕はそーっと、横目でそのボードを見た。「うんこ」の絵を描いていた。こんなバカがいるのかと、目をうたがった。

その流れのまま、いよいよライブは終盤に——。

としさん「最後は、企画のコ〜ナ〜!!」
企画はいつも、としさんが考えてきた変なやつ。
としさん「悲しい話したあとに一発ギャグ〜！」
自身の体験した悲しい、やってられない、どうしようもない、ひどく暗い話のあとに、全力で一発ギャグをするという企画だった。ここで光っていたのが他ならぬ、中山亮さんだった。
中山亮「僕ももう40代。田舎の実家から、いつまで芸人をやる気だ、いい加減１００年続いた伝統ある醤油屋を継げと言われていまして、今大変なんです……」

としみつ「それでは中山さん、一発ギャグお願いします」

中山亮「サンバ!!」

最っ高に、面白かった。亮さんの一発ギャグは、すべてその場で即興でやる。文字では伝わらないが、そのギャグは最高に面白く、いつも爆笑していた。また、亮さんの〝マカレナ〟という音楽にあわせて踊るダンスがなぜか妙に面白くて、たびたびライブ中の意味のないタイミングでそのダンスをさせるくだりをして、それも笑ってしまった。芸人が好きな、芸人だ。

また、としかわメンバーで高尾山に登ったことがあった。夏真っ只中、誰が外に出るんだという猛暑の中、としかわ軍団みんなで集まり、モダンさんのキングオブコント必勝を祈願しようという登山だった。「高尾山は神聖な山。富士山に登ったときと同じくらいのパワーがもらえるらしいんだよ」。そう熱弁するとしさんは、肌荒れがひどいからと自分で調合した〝塗り薬〟を全身に塗りたくり、首や手足が真っ白になっていた。集合場所につくと、川さん率いるメンバーと合流した。

「「いよぉ〜〜〜お！」」

メンバー全員、顔が真っ赤っか。お酒を飲んでいた。それを見てとしさんは、「酒飲んで山なんか登った奴が、ご利益なんかもらえるわけねえだろ、バカふざけんなよォ〜！」そう嘆いていた。真っ赤っかのメンバーの中に、自分で調合した薬を塗りたくった〝白としさん〟。ピクミンみたいだった。

さらに、中山亮と本田らいだ〜△の二人は、この夏場、これから山に登るというのに2日ほど風呂に入っていないという。それを、みんなに「くさいぞ！」と言われて、お互い「こいつのほうがくさい！」とケンカしていた。

中山亮「お前、風呂入ったか？」
本田らいだ〜△「アンタこそ入ったのかよ、なあ！」
中山亮「くさい！　お前匂うぞ！」
本田らいだ〜△「アンタだろそりゃあよお！」
中山亮「うるせえな！」
本田らいだ〜△「アンタ、歯ぁちゃんと磨いたかよお！」
中山亮「じゃあお前磨いたことあんのかよ!?」

もう誰も、ご利益はもらえそうになかった。予感は当たった。山頂付近でスズメバチと遭遇。そのまま、スズメバチはしつこく追ってきた。

「「うわあああああ！」」

メンバー全員、本気で逃げ回った。

としみつ「うわ――――!!!!」
スズメバチはとしさんの手作り薬に反応したのか、執拗にとしさんを追いかけまわした。「逃げろ逃げろ！」「ヤバいヤバい！」「としさん追いかけてきてますよ！」「としさんの手作り薬でしょ絶対！」
としみつ「うわ――――!!!!」

さらに先頭を走るのは、『2日風呂に入ってない男たち』本田らいだ～△＆中山亮。後ろで逃げている僕たちにとって、この二人が先頭を走っているのは、脅威だった。二人が逃げたあとからは、激臭がやってきた。

「本田らいだ～△、中山亮！　後ろに行け！」「くさい！」「二人とも、後ろにお願いします！」「頼むから後ろ走ってくれ！」「死んじゃうよ！」

本田らいだ～△「中山亮、後ろに行けよォ！」
中山亮「お前が行けよ！　くせえ！」
本田らいだ～△「なんなんだよアンタよお！」
としみつ「うわ――――!!!!」
先頭から激臭。後方にはスズメバチ。地獄の登山だった。

冬。大雪の日に、外で打ち上げをしたこともあった。高すぎるという理由で居酒屋が嫌いなモダンさんの打ち上げは、だいたい外で開催される。その日は少し遅れて、「さすがに今日は室内だろう」と思い会場を出ると、遠くからゲラゲラ笑い声が吹雪にのって聞こえてくる。おそるおそる会場の角を曲がると、吹雪の中、メンバー全員が外にいた。雪が降る中、楽しそうに喋っている。よく見ると、みんなせっせと〝足踏み〞をしている。近づいて、「何やってるんです?」と聞くと、

「こうでもしないと、止まったら死ぬのよ!!」

〝あぁ～しらき〞という女性芸人は、足踏みをしながら缶チューハイ片手にそう言った。

「そうそう。死にたくないでしょ！」

〝ウメ〞という女性芸人も、せっせと足踏みして、缶チューハイをぐびっと飲んでいる。

死にたくないから、とにかく体を動かしているのだという。さらに彼女の口から、衝撃の発言が飛び出した。

ウメ「アタシ、今日、誕生日なの！」

さすがに腰を抜かした。なんと彼女は今日、誕生日だという。誕生日に吹雪の中、「あのネタがさあ〜」「もっとさあ〜」缶チューハイ片手に「ああしてさあ〜」足踏みしながら「どうするかな〜」ネタのことについて、熱心に話している。

「……」

芸人ってすごいなと感心して、そのままみんなで、足踏みをしながら打ち上げをした。

「『誕生日おめでとうウメちゃ〜ん！』」

ウメ「ありがと〜〜〜！」

ウメちゃんは、嬉しそうに足踏みしていた。

こんな、本当にひどい思い出ばかりだけれど、だいたいはみんな腹を抱えて笑っていた。どれも最高にひどくて、楽しかった記憶しかない。そんな、としかわメンバーでいつも一緒にいた中山亮さんが、芸人を辞める。あと一週間ほどで、田舎に帰るらしい。ビートたけしさんはキングオブコントで空気階段が優勝したことは知っているけれど、中山亮さんが芸人を辞めることは知らない。当たり前だけど、それが少しだけ悲しい。

僕は今日、中山亮さんに会う。

としかわメンバーも一緒だ。みんなでスーパー銭湯に行くのだ。ギャグの話や、スズメバチの話はできるだろうか。としさんはまた薬を塗りたくってくるだろうか。もちろん本田らいだ〜△もやってくる。風呂には入ってこなそうだ。


僕は今日、中山亮さんに会う。

一発ギャグも、マカレナの踊りも、最高に楽しかった。

「いつかまた、としかわトークで会いましょうよ」

そんなバカな話を、お風呂に入りながら。地獄のメンバーで、ゲラゲラ笑いたい。

あの日々の、延長線上に。

真っ黒になったノート。作り続ける漫才。売れない日々。浜口浜村さんへ。

お笑い芸人は、あたくしも含めてほとんど〝どうしようもない連中〟がなる職業で、「とにかく楽して暮らしたい」「とにかく働きたくない」「とにかくお金だけでももらえないか」「とにかく寝ていたい」「とにかく飲ましてくれ」みたいな、そんな連中がほとんどで、てんでダメダメで、変な、変な奴らです。

あたくしは、たいていの変な人間は見たことがあります。街にいる変な人間も、テレビで見る変な人間も、たいてい知っています。ただ、浜村さんは変でした。僕が今まで会った中で数人いる、「超おっかしいな〜」と思う人です。出会いは十数年前、ガロイン薗田くんという友達の家に遊びに行ったときでございやした。

「みんなにさ、俺のお笑いをわからせてさ、売れてやるんだ」

はじめて会った、名古屋から来たという彼はレンジで温めたスパゲティを食べながら、

「ふぉんで、M-1決勝に行って…ん。松ちゃんに見つかる。ただ、それだけ、ふふ」

淡々とその人物は、ボソボソ笑って、嬉しそうにタバコを吸った。コンビ名を覚えた。

〝浜口浜村〟といった。

それから彼は、「ランジャタイは、もっとあれかな、これからだろぅな〜」と、僕らが漫才をしているビデオを見ながら、クスクスと笑っていた。声は小さいけど、言っていることは大胆不敵。自分が作るお笑いへの自信に満ち溢れていた。

ある日、劇場で浜口浜村の漫才を見た。超変だった。さらに、面白かった。嬉しくなって、浜村さんに話しかけにいくと、「俺らのライブにさ、出てみない?」と誘われた。

これが、お笑いライブを知るきっかけになった。三四郎、三日月マンハッタン、ドリーマーズ、浜口浜村。当時そんな豪華メンバーに誘われたライブは、華やかで、超満員だった。満席の中で漫才を経験するのもはじめてで、「いいんじゃなーい?」と考えていると、出番前に浜口さんが僕に近づいてきた。そして出る直前まで「スベろよぉ、スベろぉ〜!スベスベろぉ〜! スベべべべー!!」と言ってきて、「スベるのはね、あなたですよ!」と返答しているうちに、出番になった。

空席がない、大勢のお客さん。その前でやる漫才は、なんかいいもんだった。漫才が終わり袖にはけると、今度は浜口さんの代わりに浜村さんが待っていて、「これが……お笑いライブだ!!!」と、ズバリ大声で言った。

後ろで浜口さんが、カンカラ笑っていた。

「変なコンビだなあ〜」

浜口浜村。なんて変な奴らなんだ。なんて、変で、愉快な人たちなんだろうか。それから、浜口浜村のネタも中身も、大好きになった。

浜村さんは、散々お笑いを見てきたと言う。〝お笑い〟が、大好きだと言う。「あれもやった、これもやった」いろいろなお笑いを試行錯誤して、作って、作って、作りまくって、「でさ、今度やるネタがさ……」いつも新しい〝何か〟を探して、ボソボソ小さい声で、お笑いのことを考えたり話したりしているときの浜村さんは、いつでも嬉しそうだ。

いつの日か、浜口浜村のネタ帳を見てビックリしたことがある。真っ黒なのだ。浜村さんが、何度も何度も書いては付け足し、書いては消しを繰り返して、ページが文字で真っ黒なのだ。文豪のようにびっしりつまったノートから、いかに漫才に命を賭けているかがわかる。

そんな浜口浜村のM-1の戦績は、わっしょいパーティ!系の僕とは、まるで系統が違う、漫才師だった。こちら。

2003年　二回戦
2004年　二回戦
2005年　二回戦
2006年　二回戦
2007年　三回戦
2008年　三回戦
2009年　二回戦
2010年　三回戦
2011〜2014年　THE MANZAI期間
2015年　二回戦

その熱量とは裏腹に、結果がなかなか出なかった。そのころの僕らランジャタイといったら〝大スベり野郎ども〟で、一回戦で落ちまくりをずっと続けていたので、三回戦でも「浜浜さんすごいなあ〜!」と思って、かなり能天気でいた。浜浜さんたちの抱えていた気持ちを、汲み取ることができなかった。ずっとお笑いを続けてくれると思っていたのだ。一緒にやっていくもんだと思っていた。

２０１５年12月14日。浜口浜村は解散した。

当時の本人コメントの記事が、残っていた。

浜口祐次
どうもこんばんは。浜口浜村の浜口です。

12月14日のライブを最後に、浜口浜村は解散をすることになりました。

これまで応援をしてくれた皆様、お世話になりました事務所の皆様と関係者の皆様、一緒に舞台に立たせてもらえた先輩や後輩、同期の芸人の皆様には、感謝の言葉しかありません。

皆様、本当にどうもありがとうございました。

相方と一緒に漫才やライブをするのは楽しい事でしたが、時間が経てば経つほどに、自分が芸人に向いているとは少しも思えないようになり、途中、自分が何かに反応をしているだけで何をしてるのかも分からずに困惑もし、これ以上芸人を続ける事は出来ないと思いました。

これからの事はまだ何も考えてはいないのですが、気にかけてくださる人の思いを無下にしないように生きていけたらと思います。

皆様、本当にどうもありがとうございました。

浜村孝政
この度、解散することになりました。

応援してくださった皆様、関わってくださった全ての皆様、本当にありがとうございました。

浜口さんと浜口浜村を13年もやれてよかったです。

4年前に一度辞めかけたのですが、その時に解散していたら後悔していたと思うので、ここまで続けてこれてよかったです。その時に助けていただいてご迷惑おかけした皆様に何も返す事ができなかった事、本当に申し訳ないです。

今後の事はまだ決まっていませんが、僕はお笑いを続けたい気持ちもあるので、色々考えてから決めようと思っています。

名古屋6年、東京7年、13年間ありがとうございました。※

なんも知らなかった。このコメントだって今まで知らなかった。やっぱり浜浜さんは漫才に命を賭けてきたのかと、ふと懐かしくなった。12月14日、マセキの事務所ライブ。浜口浜村の最後の漫才を劇場で見た。『俺は牛よりは絶対に面白い』という、漫才だった。

※引用：お笑いナタリー「ツィンテルと浜口浜村が解散を発表」

浜村「地球上のどの牛よりも絶対に俺のほうが面白い。アイツら喋れねえんだから『モー』しか言わないじゃん最初はいいよ？　なんか面白いかもってなるよ？　でもすぐ飽きられるから俺はモー以外も言えるし喋れるんだ絶対俺のほうが面白いしアイツらが束になっても負けないからだってアイツら大喜利もできねえんだから俺はできるよちゃんと面白い答えだせるあいつらモーしか言わないんだから絶対俺のほうが面白いんだ!!!!」
浜口「なに言っとんだて〜！」

魂の叫びだった。浜村さんは、冗談とかネタとかではなく、本気で言っていた。本気で『俺は牛よりは絶対に面白い』と泣きそうに熱弁して話し続けた。それに対して浜口さんの「なに言っとんだて〜！」の名古屋弁で一言。最高だった。今まで見てきたどの漫才よりも、素晴らしい漫才だった。この漫才を見られたことを、大切に思う。

浜浜さんが誘ってくれたからお笑いライブに出た。浜浜さんがライブで一緒だと心が踊った。お互い変なことをずっとしていられた。袖から見る浜浜さんはカッコよかった。今でも二人は僕の中で、漫才師のままだ。

いつか、浜口さんに漫才のオチを注意されたことがあった。

「オチはちゃんとしなきゃ。逃げるなよ〜、ちゃんとしないとダメだぞー」

毎回変なところで終わる僕らの漫才に、オチだけはちゃんとしろと笑っていた。僕はそれがすごく嬉しくて、毎回オチをやらずに逃げ回っていた。今でもそれが残っている。浜口さんとのオチの約束は、まだ守れていない。逃げ回っていたい。

解散時に、浜村さんが「俺たちはダメだったけど、お前らは売れてくれよな」と言っていた。「いっぱい漫才作ったけど、ダメだった。認められなかったから、しょうがないよ。全部無駄だったなあ〜、ダメだったよ。このざまだよ。こんなもんだ。ふふ。松ちゃんに見てほしかったなあ。はあ、ふふ」

タバコを吸って、苦しそうに笑ってましたね。


浜浜さん！　あれから6年が経ちましたね！　僕らは、M-1の決勝に出ますよ！

浜浜さんの日々は、なんにも無駄じゃなかったですよ!!　ライブに誘ってくれたあの日が!!　真っ黒になった沢山のノートが!!　死ぬほど作ったあのネタたちが!!　浜浜さんがやっていた変な漫才が!!　すべてが繋がって、重なって押し上げてくれて、あの日々の、延長線上に、あの日々の続きが、今の自分たちが、なんか、立ってられるんですよ。最高じゃないですか!?

浜浜さんのおかげです。もう一度言います。浜っ、はがっ、あすみません噛みました。はがっ、むら、はが、ダメだ。もう一度、はがっ、ちょっ、落ち着きますわ。いったん深呼吸します。ふー、ふしゅー、ふー――。はー。すー。はー。よし。ふー。ふしゅー。いけるか…？　いきます！　はまがっ、はがっ、む、っ、ダメだ、ダメだこれ、あれ、あれ？浜っがっ、むっ、あれダメだ。はがっ、はっ、浜っちょん、がっ、ダメです、ちょっと顔洗ってきます。おかしいなー、ちょっとすみません。洗面所に行ってきます。

タッタッタッ

バタン！

キュッ　キュッ

ジャー――

ジャー――

シュコシュコ、

ジャー

ジャー

ジャー

キュッキュッ

ぴちょん、ぴちょん

バフっ、ゴシゴシ

「ふー。すっきりしたー」

ぴちょん、ぴちょん

「ついでに歯も磨いとくかあ〜!」

キュッキュッ

ジャー

シャカ！

シャカ！　シャカ！

シャカ！

シャカシャカ！

シャカ！

シャカ！　シャカ！

シャカ！

シャカ！　シャカ！

シャカ！

キュッキュッ

ガラガラッ〜

ガラガラッ〜

ぺっ！

地下ライブと同じメンツ

小学校のとき。授業中にふざけていたら、信じられないくらい怒られた。いつも優しいあの先生が、温和で静かなあの先生が、授業中だけは、ふざけたら「ぐ@gゃjvdああ!!!」と、怒った。怒る、怒る、怒る! 「#amjtjp#g@dtdu#ああああああ!!!!」怒る! なんだコイツ!?な、光景だった。ただ、ある日その先生が、ふと「先生が怒らないとな、お前は今後、もっと怒られることになるんだぞ?」と、ゾッとするようなことを教えてくれた。もっと怒られることになる…!? もっと!? ……もっと!? 今よりも!? ウソだろ!? そんなの嫌すぎるよ!?

こうしてあたくしは『世の中は、ふざけたら怒られる!』ということを学んだ。

それから数十年後——。

『マイクの前でならふざけても、いいでしょう大会』に出ることになる。M-1だ。M-1のMは、M（もう怒られません、安心して下さい）-1グランプリ。なんと、ふざけていいのだ！　全国の、〝ふざけすぎて学校で怒られてた奴ら〟が成長！　そんな奴らが、「ふざけてもいい」と聞きつけ嬉しそうに参加!!　なけなしの…2000円を払う!!　ずっとふざけて、怒られていた、そこのアナタ！　今大会は――おふざけ～OK！　ふざけても、いいいいいいんですよ～!!!!

賞金1000万！（ふざけるだけなのに!?）
豪華審査員！（ふざけるの見てくれるの!?）
時間は4分！（ふ、ふざけ放題じゃないか!!）

ええええ～??　ラッキ――!!　スーパーラッキ―――!!!!
いいいいいいいイエ～～～～～イ!!!

しかも、そんな大会の……決勝に出れた！（アォ！）決勝メンバー！　発表!!!（ポゥ！）
えーと、決勝メンバーは…えーえー確か、えーと、あれ？　なんだっけ、えー、ゆ、ゆに、ゆにー、ば？　ば、ゆた？　え？　ゆた？　…ゆ……？　ゆた？　ぼっ、あ！　ゆたぼんだ。『ゆたぼん』。

にしき、えー、にし、にし、？　にし、にしき、の、の？　……の！　にし、きの、あき……ら…？　あ‼　にしきの、あきら？　錦野、旦‼『錦野旦』。

お、お、ず、えー……おず、オズワ、オズ、ワ？　ワ？　ワッキーか、ワッキー！『ワッキー』。

えー、インディアンス！　『インディアンス』。

ろ、ろん、ロンゲ…こっ、ロン毛、こーち、やでぇー？　だっけ、コーチ、ロン毛コーチ？　やでぇー「ロン毛コーチやでぇ〜！」　⁇　『ロン毛コーチやでぇ〜！』。

あとは、えーなんだ、ゴスペラーズ、えー、ゴスペラーズ。えーだめだゴスペラーズしか思い出せない。

あと？　シンクロのジェシカ？　シンクロのジョシカだっけ？　女子力？　シンクロの女子力だっけ？　ゴスペラーズ？　なんだっけ、えー、だめだゴスペラーズしか思い出せない。

決勝出場者

ゆたぼん
錦野旦
ワッキー
インディアンス
ロン毛コーチやでぇ～
ゴスペラーズ
敗者復活　ミニモニ。
みたいなメンバーだった。

会場を案内され、まずは金ピカのステージに驚いた。ゆたぽんからの確かな情報によると、「すべて純金」だと言う。さらに舞台の後ろ側には、〝チャッチャチャース〟と書かれたお札が、ビッシリ貼ってあった。さらに、暫定席を見てみる。暫定席の後ろ側には、〝ちんポジ〟と書かれたお札がビッシリ貼ってあった。なんて大会なんだ……！

勢いで、審査員席も見てみた。すると、席にある「点数入力機」に、1、2、3、4、5、6、7、8、9、0の数字の他に『消す』と書かれたボタンがあった。恐る恐る「これはなんですか?」と局員に聞いたところ、「この『消す』ボタンをですね、審査員たちが満場一致で押した場合ですね、舞台の床下が、「バン!」と開きまして、そのまま、はるか地底に、落とされます。二度と戻ってこれません」とのことだった（ガチ情報）。

「そんなあ!!　なんなんすか！　ＴＨＥ Ｗさん聞いてないすよぉ〜!!」と言うと、「Ｍ-1です」とだけ伝えられた。

決勝は、友達のサルが優勝した。最高の大会だった。

2022年1月21日　執筆

肛門

すごいよなあ
うんこ出てくるんだぜ?
それなのに　顔色ひとつ変えずにさ
えらいよなあ
頑張ってるよなあ

あと、トイレットペーパー
すごいよなあ
肛門をさ、拭くんだぜ?
汚れてるさ、肛門を拭くんだ
そんなの罰ゲームだもんな

それなのにさ
顔色ひとつ変えずにさ
えらいよなあ
頑張ってるよなあ

あと、うんこ
すごいよなあ
肛門を通ってくるんだぜ?
そのあと流されるんだ
出て、すぐ流されるんだ
顔色ひとつ変えずにさ
えらいよなあ
頑張ってるよなあ

あと、オイラ
3年前

電車でうんこ漏らしたよなあ
すごいよなあ
頑張ってるよなあ
屁こいたらさ
いきなり漏れたんだもん
それも丸々一本グソだったもんな
顔色ひとつ変えずにさ
えらいよなあ
頑張ってるよなあ
すごいよなあ
すごいよなあ
すごいよなあ

#すごいよなあ

答えはず〜っと奥のほう

このあいだ、久しぶりにうんこを漏らした。オナラかと思った。最初はオナラかと思ったから、こいた。信用してた。あたくしは、自分の〝肛門〟を信用してた。嘘つかない子だと思っていた。

そして、肛門が『オナラですよ』って言うから、オナラをこいてみたら、「パフ！」みたいな、音が出た。信じられなかった。もう嫌だ。あたくしは……これまで、外で、街で、何回うんこを漏らしただろう⁉

そして、これからの人生、あと、何回、うんこ漏らすんだろう⁉　それが知りたい。神様教えてくれ！　俺に、うんこを漏らす回数を教えてくれ‼　頼む‼　神様！　教えてくれ‼　あと何回‼　今後漏らすか‼‼　いつ、どこで、うんこ漏らすか‼‼　オイ、教えてくれ‼‼

あと肛門！　信じてたのに!!　そりゃあないだろ!?　肛門さんよ!!　オイ聞いてるのか!!『オナラです』って言ってたじゃないか!!　なあ!?　肛門さんよ!!　もうさ！　教えてくれ!!　あと何回「オナラ」だと思ったら「うんこ」か!!!!　教えてくれ!!!!　頼む!!!!　肛門さんよ!!　頼む、教えてくれ！　あと何回！　2、3回くらい？　……10回くらい??　え!?　100超えそう!?!?

肛門「＊」

＊＊＊＊＊＊＊＊＊＊＊＊＊＊＊＊＊＊＊＊＊＊＊＊＊＊＊
＊＊＊＊＊＊＊＊＊＊＊＊＊＊＊＊＊＊＊＊＊＊＊＊＊＊＊

＊💩。

漏らす前日に、地元の新聞記者が取材に来た。最近の富山の地元有名人に触れていて、

「八村塁くん、大活躍ですね〜！　国崎さんも、それに続きましょ〜✍」と言っていた。

「……」

そして、国崎さんは、八村塁くんの大活躍に続いて、街で「うんこ」を漏らした。これ地元の新聞載るかなあ～?✍

《―国崎和也さん―　街でうんこ漏らす。自分の肛門に大激怒「信じてたのに」》

載るかなあ～⁇✍

肛門「＊」

＊＊＊＊＊＊＊＊＊＊＊＊＊＊＊＊＊＊＊＊＊＊＊＊＊＊＊＊＊＊＊＊＊＊＊＊＊＊＊
＊＊＊＊＊＊＊＊＊＊＊＊＊＊＊＊＊＊＊＊＊＊＊＊＊＊＊＊＊＊＊＊＊＊＊＊＊＊＊

＊💩。＊💩。＊💩。

ノストラダムスのおっちゃん

子どものころ、今みたいにわからないことをすぐ携帯でポンと検索できたり、Wikipediaとかもない、昭和と平成。そのあいだのギリギリな空気を味わえる、わからないことがずっとわからないまま存在する、へーんな時代だった。

『1999年、人類は滅亡する』

ノストラダムスの大予言。小学生のとき、その予言を信じて、夏休みの宿題をしなかった。ノストラのおっちゃんは、自分みたいな〝宿題したくない子〟にとって、スーパーヒーローだった。なんたって、おっちゃんのせいにして勉強をしなくていいからだ。親に勉強しろだ何だ言われようが、

「ノストラダムスが言ってたよ、人類は滅亡するんだって……」と、悩んでるフリをするのだ。「人類が滅亡するかも」「どうしよう」「悲しすぎる」「涙が止まらないよ」「心配だ」「心配で夜も眠れない」などと、いたたまれない繊細な少年を演じるのだ。

僕はこの『人類の滅亡を嘆く悲しい少年』の演技が、抜群にうまかった。これをすれば、勉強をしなくてすむのだ。その年、本気で、勉強をそっちのけで、全パラメーターを〃悲しい少年〃に注ぎ込んだ！

国語：0
算数：0
社会：0
理科：0
悲しい少年：100

持ちうるすべてのものを、〃悲しい少年〃にぶち込んだ!!
僕はこの日のために生きてきたんだ!! 国算社理!! 勉強全部やんないために生きてんだ！ オラオラオラ――！ 国算社理〜！ てめーらのことが大嫌いだったんだ!!
オ、サ、ラ、バ！ あっちいけ！ オオオオオオオ〜！ あははははははー！
やったぞー！ やったやったやったやったー!!

夏休み。悲しい少年は、鬼神と化した。親に勉強をしろと言われようが、「ノストラダムスが言ってたよ、滅亡するからって！　はぁ…あぁ…あぁ……」と涙を見せる。何かあるたび、人類を心配する。ちょっとした雨が降ると、「まさか!?」とあわてて外に出たり、人と会って別れるときも、異常に「ありがとうー!!」と叫ぶ。ご飯のときも、「美味しい。美味しいなあ……！」と、家族の顔を目に焼き付けようとする。

さらに、人類を想って絵まで描きはじめた。これには母親も驚いていた。普段絵など描かない息子が、部屋で絵を描きはじめたではないか。黒い海に、プカプカ浮きながら、泣いている少年たちの絵を描いた。我ながら、〝悲しさ〟がこれでもかと伝わってくる、あっぱれな絵だった。それを見た母親は、真に受けた。こいつ、こいつ……！　ここまで、ここまで人類のことを考えていたのか!?　冗談だと思っていたけど、そうじゃない。本気だ、こいつは本気なんだ……！

それからというもの、夏休みのあいだ宿題をやらなくても、一切何も言われなくなった。そうとなれば、こちらのものだった。悲しい顔で家を出たかと思えば、友達とプールに行ってはしゃぎ倒し、そしてまた悲しい顔で帰ってくる。悲しい顔でまた家を出て、友達とあははは！　と馬鹿騒ぎして、また悲しい顔して帰ってくる。😢→😆→😢

これの繰り返しだった。

「最後かもしれないから、楽しく遊ぶんだ……」

悲しみだけなら天才子役並みの力をマスターした少年は、たちが悪く、無敵だった。

『♪夏休みはやっぱり短い〜♪　やりたい事が目の前にありすぎて〜♫』※

ポンキッキーズの歌で目が覚めて、寝ぼけながらトーストを食べる。外に飛び出て、田んぼ道を自転車で立ち漕ぎする。稲のいい匂いが風圧で伝わってきて、真っ直ぐに夏だった。水がすぐ蒸発するようなプールサイドを走って、友達の部屋で飽きるまで64をして、氷が溶けた、薄いカルピスの味。壊れたコントローラー。扇風機を全開。景色が揺れる炎天下。窓を閉めてもセミの声。昨日もそーめん、明日もそーめん。畑仕事のおばあちゃんたち。いつまでも明るい夜。お父さんのナイター中継。冷えたスイカ。夜ホタル。風鈴の音。干からびた田んぼ道。自転車で横断。乾いた地面の振動にアワワ声が出て、笑いが止まらなくなってくる。

全力で夏だった。宿題のない夏休み。こんな楽しいことはない。ノストラのおっちゃん、ありがとう!!　あんた最高やで！　最高や！　最高や！　最高や！　最高や——。

※「夏の決心」作詞・作曲 大江千里

しかし、おっちゃんの予想は外れた。宿題は、僕を逃してはくれなかった。いよいよ夏休みが明ける前日となったとき、悲しい少年は我に返った。薄々気づいてはいたが、人類はまったく滅亡しなさそうなのだ。宿題は、何ひとつしていない。何も、本当に何もしていない。これっぽちも、してはいない。ただただ、遊び呆けていたのだ。

登校日。もちろん担任は激怒した。「宿題をね、家に忘れました。えへへ」そう言ったら「取りに帰りなさい！」と言われて、「すみません、やっていません。えへへ」と言ったら、「お☆まあにまapai@あああ——!!!」みたいなことを言われた。とにかくこっぴどく叱られた。国語なら国語の宿題、算数なら算数の宿題、みんな並んで提出して、たまに忘れたりする子が先生に怒られてる最中、僕はそのとなりで、皆勤賞でずっと怒られていた。ただ、図工の宿題だけはいけると思った。テーマが〃自由に描いた絵〃だったので、夏休み中に描いた悲しい少年の絵を持って行ったのだ。

「ふん、これだけあるの、…うん、そう……」

先生はその絵を見て、図工の宿題だけは「よし」となった。二学期、何がよかったのかわからないが、教室横の柱に、〃悲しい少年〃の絵が飾られていた。どれだけ宿題してないアホが描いた絵でも、よければよいと認めてくれる、いい先生だった。

このあいだ営業で地元に帰った際に、その絵がないか探した。くまなく探したけれど「悲しい少年の絵」はなくて、その悲しい少年が描いた、当時飼っていた「犬の絵」らしきものは発見した。可愛がっている犬を、ノストラダムスに乗っかってここまで暗く描くのだ。色から何まで暗いその絵は、どれだけ悲しい少年になりきっていたかわかる。よほど宿題をしたくなかったのだろう。遊び呆けたかったのだろう。夏休みが、終わってほしくなかったのだろう。その夢もろとも打ち砕かれたこの絵は、今になって本当に悲しく見えてくる。

『♪　夏休みはやっぱり短い〜♪　やりたい事が目の前にありすぎて〜♫』

ポンキッキーズの歌も、あのころの自分へのアンサーソングに思えてくる。悲しい少年の未来を予言しているような歌詞は、ノストラのおっちゃんよりよっぽど当たっていた。夏休みは、やっぱり短かった。

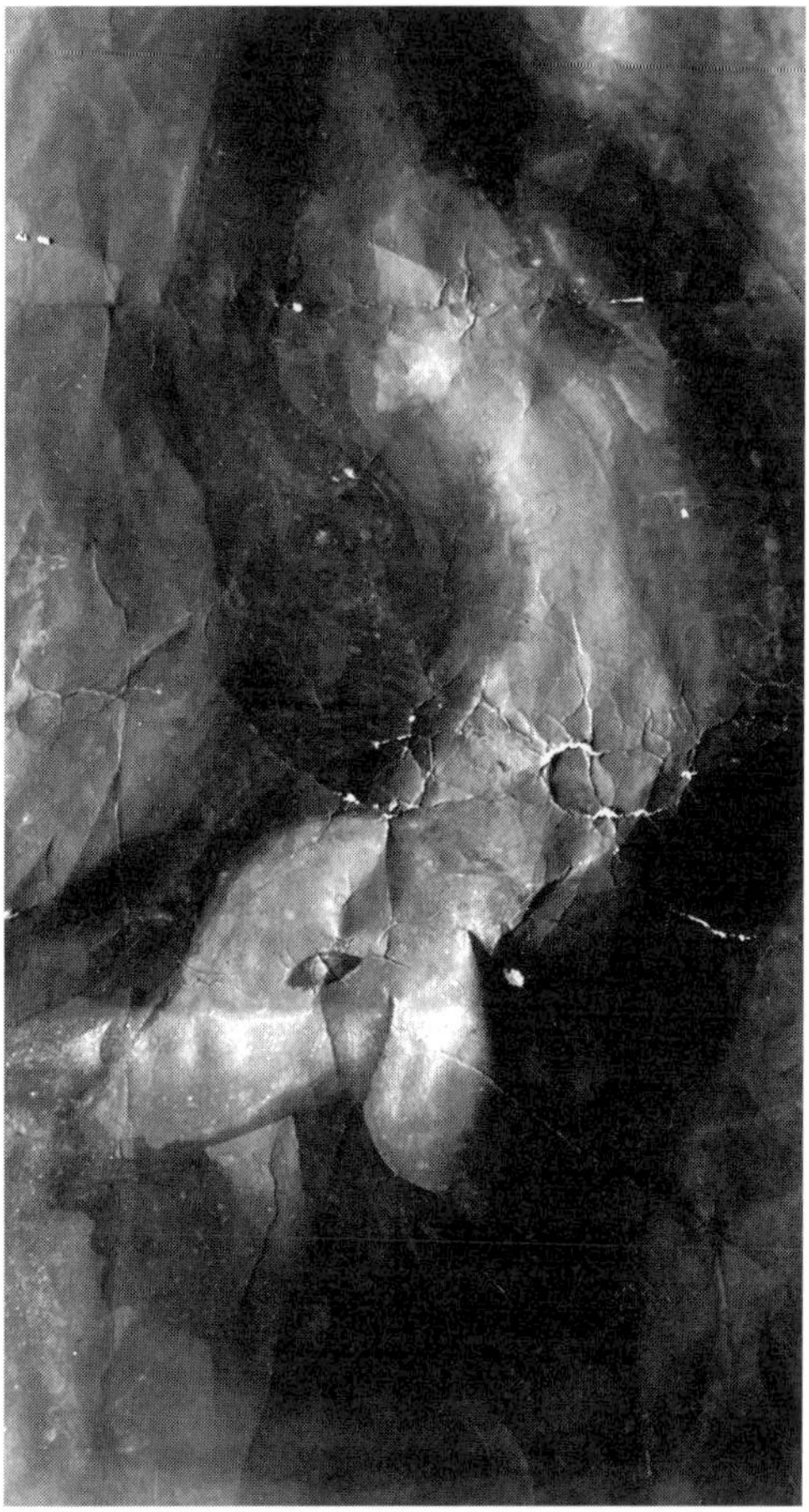

全部パーになる瞬間

あたくしは、今まで積み重ねてきたことや、血の滲むような努力をしたのが、全部台無しになる瞬間が大好きだ。自分にとってなのだけれど、あんなに練習したのに、あんなに苦労したのに、こんなに台無しになる?? という、もう、パーになる瞬間。

うわあああああ!! という瞬間が、本当に大好きだ。

中学校のとき、バスケットボール部だった。日々、ものすごい練習して、部の練習が終わってても居残り練習して、家に帰ってからも当時NBAのスーパースターだったアイバーソンのビデオを擦りきれるほど見たり、真似をしたりして、人生で一番頑張った3年間だったと思う。

そして、3年生最後の大会。一回戦。開始30秒、あたくしはダブルドリブルをして審判に笛を鳴らされ、相手ボールに。さらにファールを3つしてしまいチームファールが重なり、嫌な空気が流れた。そして、監督に「お前はレイアップシュートだけを極めろ」と言われ、バッシュの底が破けるまで走りこみながら練習していたお得意のレイアップも、ほぼ全部外してしまった。点差が開いてきて、監督がタイムアウトをとり、全員に「どうしたお前ら、しっかりしろ！　あの練習を思い出すんだ!!　ファイ!!」と言って、またチームに活気が戻った。

しかし、チームに活気が戻って早々に、あたくしがまたダブルドリブルで笛を鳴らされて相手ボールに。リバウンドに失敗した村井くんが足を捻り、退場していった。チームメイトの宮下くんとのコンビネーションで、パニックになった宮下くんが、自分たちのゴールにまさかの自殺点をした。監督が「なんでー!?」と叫んでいた。

そして、我がチームは大敗してしまった。相手チームは県で1、2を争うチームだったのもあったけど、全力で戦って、もう信じられないないような失敗を連発して、さらにコテンパンに負けてしまった。そして、チームメイトの村井くんが帰り際に「あ、足が痛いよお……」と足の心配ばかりしていたので、思わず笑ってしまった。

今までしてきた努力が、全部パーになった瞬間だった。

「どれだけ頑張っても、ちっとも報われない瞬間がある!!」その真理にたどりついた。

そして、そんな瞬間が大好きになった。こんなに面白いこと、ない!!　なんてカッコ悪いんだろうか!!　全力で挑んで、盛大にコケる。あたくしの人生の目標にしたい。

「全力で挑んで、盛大にコケる」

めっちゃいい言葉😍

「全力で挑んで、盛大にコケる」

＃85対32

Hey!　ジム・キャリー

そろそろ、ジム・キャリーに会ってみたい。子供のころからジムに会うのを楽しみにしている。この星の「最高〜！」と思う人間の一人だ。会って、WAO！WAO！言いたい。お互いの〃面白い〃をぶつけ合ってみたい。そこに言葉はいらないんじゃないかと思う。答えはそこにある。

小学校のころ、音楽の授業でベートーベンの『エリーゼのために』を聴いた。衝撃が走った。さらに！　なんと頭の中には、見たことのない風景と家が浮かんできて、あたくしは子供ながらに、はっはーん…と勘付いた。どうやら自分は、『ベートーベンの生まれ変わり』らしい。ふと、音楽室のベートーベンの絵と目が合う。

「……。」

おいおい、まるで自分じゃないか……。なるほどね…ベートーベン、ね。了解…デス！

それからの日々。音楽室の偉大な音楽家たちの絵を見るたび、懐かしそうに目を細めて、親しい友達に、ベートーベンを指差して、「あれ…僕だから。内緒ね…！」と、耳打ちしていた。友達も友達で、「マジか…！」みたいなことを言っていた。自信があった。『エリーゼのために』を聴いたり、想ったりすると、いつも風景が、家が見えていた。その家の横には小さな小道があって、ススキがふわ〜と揺れている。そのたびに、「あぁ…！」と目を細めて、感慨深く、涙目になっていた。

そして数年後。ある日、たまたまテレビのベートーベン特集で実際のベートーベンの家が紹介されていた。全然、違った。

ベートーベンの家が、全然、違った。

「……うっそォ……？」

頭の中にある家と、ベートーベンの家が、ぜんっぜん、違う！

「……うっそォ……？」

マジ……？　マジ！　マジで……⁇　マジぃ〜⁇

「えー！　ベートーベンじゃない感じぃ⁉」

よく考えたら今サッカー部に入ってるしぃ！　ピアノも弾けないしぃ！　音符だって読めないしぃ！　てことは絶対ベートーベンじゃないしぃ！　マジぃ〜い〜〜〜〜!? もう！　サゲぽよ!!　あたくしさぁ！　3年くらい頭の中にある風景を思い浮かべては!!「ああ……」とか言ってたんだけど!!　ねぇねぇ！　近所のオバちゃん聞いて聞いて!!頭ん中のあの家ね!!　ベートーベン家じゃないっぽい!!　ヤッバくない!?　ずっと前世ベートーベンだと思ってたんだけど!!　ヤッバくない!?　しかも、友達に、「やっぱベートーベンじゃなかった…！」て話したら、「……は？」って言われた！　覚えてなかったみたい!!

キャ――――――――――――――――――――!!!!

キャ――――――――――――――――――――!!!!

そんなある日。ジム・キャリー主演の映画を見た。

「……」

我に返った。

「……」

みんな……、

「……」

聞いてくれ……。

「……」

コイツは……、

「……」

…俺だ……。

「……」

俺なんだ……。

俺はベートーベンじゃない。ジム・キャリーだ……。そうさ…、俺はジム・キャリー。

何を隠そう、ジムだ…！　間違いない。俺は…、ジム・キャリーだ！

「も〜なんだよう！」

なんだよなんなんだよォ〜！　それならそうと、早く言ってくれよな‼
なるほどね〜！　了解…デス！　あたくしは子供ながらに、はっはーん…と勘付いた。
どうやら自分は、『ジム・キャリー本人』らしい。

小学生。
ジム・キャリー。
ミニ四駆。
ポケモンカードを貼ったランドセル。
まるでわかってない「×」だらけのテスト。
妹の『ちゃお』。
やってない宿題。
夕方からのテレビ。忍たま乱太郎。
天才てれびくんからのフルハウス。
晩ごはんの匂い。
日々は過ぎていく。

ある日クラスに、濱下くんという男の子が転校してきた。自己紹介のときに濱下くんは、親の仕事の都合で地方を転々としていて、よく転校を繰り返していると話していた。「この学校もいつまでいるかわかりませんが、よろしくお願いします」。そう話した濱下くんが、どこか遠い世界からやってきた大人に見えた。

そして、彼が転校してきて1年半が過ぎたくらいで、また転校が決まったと言う。自分は濱下くんとはあまり話したことがなかったが、彼が転校する前日、なぜだか彼の家に遊びに行くことになった。よっちゃんという友達と二人で、濱下くんの家に行った。

「いらっしゃーい！」濱下くんが出迎えてくれる。

三人で、何して遊ぼうかと話していた。濱下くんは頭が良く優等生だったので、どんな遊びをするんだろうと考えていたら「はい、これ！」水鉄砲を渡された。意外だった。三人で水鉄砲で遊ぶことになった。家のまわりを走り回って、相手に思いっきり水鉄砲をくらわせた。顔に、服に、足に、いたるところに！

「はっ、ひゃは！」

「つべて～!!」

「あははは!!!」

三人ともビチャビチャになる。はしゃぎ回って、思いっきり相手に水をぶっかける。後半なんかは、バケツを持って直接ドバッと水びたしにしたりした。

「はっ、ハっ、はははは！」

「あはは!!」

「ひゃははは！」

もう濡れても意味ないくらいにキャッキャして、笑って、ズブ濡れで、笑い転げた。できるだけ、この楽しい時間を延ばそうとした。夕方になって、あたりが少しオレンジ色になってきて、もう少しでこの楽しい時間が終わるのが、三人ともわかっていた。

「ちょっと、タンマ〜！」よっちゃんがトイレに行っているあいだ、濱下くんと二人きりになった。「また、やりたいなあ〜…」濱下くんが、そんなことを言った。確かに。またこの三人で水鉄砲したい。また、この三人で。水びたしでビッチョビチョになりたい。

「そうだね、また、やろうよ〜！」できるだけ大きく返事した。

「でもさあ、僕転校するから。無理かな。ははは」濱下くんがそう言って、笑った。

「あっ、うん……」子供ながら、なんて言っていいのかわからずあたふたしていると、

「もっと早く、仲良くなりたかったね〜」彼がそう言った。そりゃそうだ。こんな楽しいのなら、もっと早く遊びたかった。今日遊んで、明日にはいなくなる濱下くんの感じ

が、残念でならなかった。

「でもさ、今日めっちゃ楽しかったからさ、このことは忘れんちゃ！」そう言うと彼は「忘れるよ〜」と笑っていた。


日々は過ぎていく。


それから、濱下くんの転校先の電話番号を教えてもらい、クラスの連絡網に書き足した。彼とは転校後も連絡を取る仲になった。と言っても、電話したのは最初の5、6回くらい。他愛もない話、学校での話。お互いがまったく違う学校、クラスの友達も違うので会話はズレていく。そのうち、お互いを忘れていってしまったのだろう。

その電話で、ジム・キャリーの話をしたのを覚えている。

「面白いんだよ〜!!　もうさ、最高だよ!!　ほんとにさあ、最っ高!!　絶対見てよ〜！」

興奮して、話したのを覚えている。

「わかった、見とくちゃ〜！」


あれから二十数年。

君は見ただろうか？　ジム・キャリーを知っただろうか？　願わくば、あの日のように笑っていてほしい。水鉄砲の続きはできなかった。ただあの日を忘れてはいない。まだできる。こっちは今でも全然できるよ！　バケツをひっくり返したように水を浴びるぞ！　ビッショビッショに、風邪ひくまでさ！

WAO!!!!　さあ、ジム・キャリー！　Hey！　ジム!!　用意はいいかい!?　実はさぁ、オラさぁ、飛行機苦手で乗れないんだよね！　ジムのほうから日本に来てもらう感じは大丈夫!?　OK？　電車代とか出すから、遠慮しないで！（WAO！）めっちゃうまい店（富士そば）も知ってるから！　案内するよ〜！　ん〜。ああ!!　そういえば英語喋れないな!!　通訳いるな！　どうする!?　まあでも、いっか――――!!!!　言葉はいらんよ！　なんとなくさぁ、伝わる気がする!!　そこで爆笑できたら、最っ高よな！

あっはっは！　ハッハッハア!!　あはははは！　HAHAHAはははアハアハあはは!!　Hahahaっはははは!!　はははハハ！　ははははアハッあひははは！　hahahahahahaははは!·ひゃはははははは！　ハハハハ!!　HAHAHA〜〜！　はははははアハハハハハハハハハハハハ!!　あはひゃ.jdugjmt8269ひはは〜☆!!

小学生。
ジム・キャリー。
ミニ四駆。
ポケモンカードを貼ったランドセル。
まるでわかってない「×」だらけのテスト。
妹の『ちゃお』。
やってない宿題。
夕方からのテレビ。忍たま乱太郎。
天才てれびくんからのフルハウス。
晩ごはんの匂い。
日々は過ぎていく。

Hey!　ジム・キャリー

まことくん

小学校の同級生に〝まことくん〟という子がいた。1、2年生まで一緒のクラスだったまことくんは、3年生からは特別学級に入り、自分たちとは別のクラスになった。トンボやザリガニを捕まえるのが好きなまことくんは、僕の家の近所の山や川でよく遊んでいて、そこで取れたザリガニをプラスチックの水槽に入れて、よく見せてくれていた。まことくんは、大きな声で「くんちゃん！　あっちの川さ、でっかいザリガニおるがよ～見たことある～⁇」そう聞いてきた。

低学年のころはみんなザリガニ取りに夢中になっていたけど、学年が上がるにつれてみんな他の遊びに夢中になり、3年生のときはゲームボーイが流行った。4年生、ポケモン、ミニ四駆。5年生、デジモン、たまごっちが大人気。そして遊戯王、スマブラ、ヨーヨー、プレステ。

気づけば6年生。ザリガニを捕まえているのは、まことくんだけになった。それでもまことくんは一人、ザリガニ取りに夢中になって、野山を駆け回っていた。

自宅の前が自然豊かだったこともあり、よくまことくんと遭遇した。冬の雪が降る中、虫取り網を持って何かを捕まえようとするまことくんは、「くんちゃん、あっちの池、ナマズおるがよー！ 知ってた～⁉」と、大きな声で聞いてきた。「なーん知らなんだ！すごいなまことくんは～」と、自分も返した。

小学校を卒業して、まことくんとは中学校が別々になった。中学生、春夏秋冬。高校生、春夏秋冬。季節が変わりゆく中で、いろいろ成長して、身長も伸びて、価値観も変わっていったけど、冬の帰り道。ふと立ち止まってボーっと雪の山を見ると、そこにいやしないのに、虫取り網を手に走り回る格好が、なんだか、なんだか浮かんできて、それがすごく印象的で、懐かしい気持ちになった。

それから10年。自分が東京に出てきて、28歳くらいのとき。お盆に実家に帰り、縁側でアイスを食べていた。村のスピーカーからポンポンポーン「現在～気温～○○度～。今日は～猛暑日になります～皆さん～～十分気をつけましょう～」みたいな放送が流れてきた。セミがこれでもかというほど鳴いていて、嫌だなあ、暑いんだなあ、と思っていると、家の前の田んぼ道を、暑さで砂利道が揺れている小道を麦わら帽子が。あのころよりも少し肥えた、でも面影のある顔が歩いてきた。

「あ、」

まことくんだった。そういえば母親から、まことくんが家の前の道を通ってバス停に並び、そこから仕事に行っていることを聞いていた。

「――――。」

小学校ぶりなのもあって、急に恥ずかしくなってしまい、声をかけようか迷った。まことくんは覚えているだろうか？　そもそもなんて声かけよう？　小学校以来だもんな、よそよそしくなりそうだから声はかけないでおこうか？　気まずくなったら嫌だな～、どうしようか？　いや、やっぱり……そう考えていると、まことくんが歩いてきた。そして、こっちを見て大きく手を振った。

「くんちゃん！」

大きな声だった。

「くんちゃん!!　あっちの川さ、ザリガニおるがよ――――!!」

大きな声で、そう言った。

「でーっかい、でーっかいやつ！　見たことある??　知ってた〜??」

あのころと同じトーンで、はっきりと。なんの迷いもなく、そう言った。

「まことくんー、」

あのころのまま、教えてくれた。

まことくん。どうしよう　まことくん。

「川のね、あっち側におるがよー！　いーっぱい！　いっぱいおる!!　こんなでかいのがいーっぱい！　知っとる??　くんちゃん知っとる??」

今わかった。自分は、大人になってしまった。季節が変わりゆく中で、いろいろ成長して、身長も伸びて、価値観も変わった。それでも、それでも、

「あっちのトンボ池も、でっかいナマズおるがよ〜！」

キミは、トンボやザリガニを追いかけたまま、そのままで生きている。

「――。」

おいおい、ずるいじゃないか　まことくん。

「――。」

なんてキミは、カッコいいんだ。

「ほんまにでっかいよぉ～！　知ってたー??」

「なーん知らんだ、まことくん」

「ナマズおるがよ、でーっかい！　でっかい！」

「ほんまけ??　そんなでかい？」

「でかいよ～！　くんちゃん、捕まえられる??」

「なーんどうやろ！　捕まえられるかなあ？」

「捕まえて、くんちゃん！」

「できるかねえ？」

「見せてあげるちゃ、でっかいよ～！」

「ほんまけ??　あんがとー」

「こーんなこーんなでっかいよ～！」

「そんなでっかいー？　あはは！」

「今度行こうちゃ！」

あの頃の会話をした。その瞬間だけ、僕は少年に戻れた。まことくん、本当にありがとう。


「そんじゃまたー！」

十数年ぶりだというのに、何事もなかったかのように、まことくんがバス停に歩いていく。

「まことくんー！」

大きな声で、いつかまた会う日まで。

まことくん
君は、ピッカピカで、ヒーローみたいだ。

「くんちゃん、またねー！」

大きな声で、また会う日まで。

「まことくん、またー！」

また会う日まで。

「またねー！」


春夏秋冬。また会う日まで。

金木犀まで、もう少し。

久しぶりに漫才師の片割れに会った。普段は「働いている」と言う。二児の〝パパ〟だと言う。嘘つけと思ったが、幸せそうに笑った顔を、見逃さなかった。

浜口浜村さんへ

7年前に解散した漫才師・浜口浜村さんとのライブを東京、名古屋でやらせていただいた。浜口浜村さんとのライブは、数年前までは実現できるとは思ってもみなかった。浜村さんは、誘えば絶対やると思っていた。すぐやる。明日にでも、いや今日にでもやる。「今からやります?」と言っても、「やる!」と言うくらいまだまだ浜口浜村をやろうとしている。問題は浜口さんだ。あたくしの知っている浜口さんはよくわからない、とぼけてとぼけて、オヨヨのヨ! みたいな、不思議な、変な人だったからだ。浜口さんとは数えるほどしか思い出がない。ただ、漫才には真剣で、まるであたくしと違う、ずっと「ネタのオチだけは逃げるなよぉ〜！」と、とぼけながらも、いつもオチもなく終わる自分たちの漫才にアドバイスをしてくれた。

芸人を引退するときにはスーツまでくれた。一回それを着て漫才をしたら、お尻がやぶけた。最悪だった。そのまま直さなかったスーツは、今回、浜口さんが着ることになって、「なんとかミシンで必死に直した！」とフガフガ怒っていた。

その浜口さんがＯＫを出したのだ。信じられない。ほっほっほ！　そうと決まれば、やぶけたスーツで祭りだ。やりぃ！

そんなこんなで、まさかまさかのライブが実現した。地下時代の、あの時代の、あの劇場の、同じ空気を吸ってきた、なかの芸小ホールで自分たちと一緒に変なことをしていた人たちが、帰ってくる！

ライブ前に浜村さんと話していると、浜村さんが「よく考えたらさ、ランジャタイと浜口浜村、そんな遊んでなくない？」という話になった。そうだ。不思議とプライベートでは、まったく会っていなかったのだ。浜村さんが、「みんなエモいライブだと思って来るんだろう？　違うよなあ〜？」と笑い「違いますね〜！」と笑った。確かに二人とは一度しかご飯を食べたことがないし、「なんなんでしょうね⁉」と話していると、浜村さんが「新ネタがさあ〜、あんまりでさあ〜」と言った。続けて、「うーん、どうしよう、あと一週間あるからな……、なんとか作らないと！」と頭をワシャワシャした。これが見たかった。久しぶりに漫才師の彼を見る。名古屋から来て、東京で変な漫才をして、今はピン芸人になっている、そんな浜村さんの漫才が7年ぶりに見られる。

さあ、ここからがお祭りだ。夏の終わり。夏らしいこともあまりせずに、〃また会えたネ〃というライブに向かった。はじめは東京公演。ライブはすんなりスタートした。以下省略。そして……。最後になる、名古屋公演。以下省略。

終わりーい！

本当にいろいろあったんだけど、省略しちゃった！　はっはっは‼　こっちのがワクワクする！　いろいろ書いたのだ！　浜村さんのこと、浜口さんのこと。めーっちゃくちゃ書いて、ただ、どうしても省略してみたくなった！

帰りの新幹線で浜口さんからメールがきた。

「　　　　　　　。」

浜口さんとは思えない、人の心があったのか⁉と驚くほどの、それは、心からのメールだった。信じられないくらい、いい内容だった。

省略せずに載せたかった。んごめんねぇ〜！　省略ぅ！

さーて、

しっかし、秋の匂いがしてきましたな〜。

秋の匂いが、して、きました〜。

金木犀まで、もう少し。

あの匂いまで、もう少し〜。

あっちの星の芸能人、こっちの星の寿司屋

宇宙人がいたとして、あっちの星でも、お笑いってあるんだろうか!? こっちの星でいう、スベるって、あっちでもあるんだろうか!? 気になる!

こっちの星でいう、クリス松村さんはあっちの星では誰にあたるんだろう!?

「ああ、こっちの星では『ピぺりん』がそれに近いかな〜?」とか言われそう!

そんな、どこかの星の、芸能人のWikipediaをここに。

Wikipedia
https://ja.wikipedia.org/wiki/マナーつよし

マナーつよし

マナーつよしは、デュー星の後光歌手。ジャギ8年デビュー。デビュー曲『来世な今世』で人気爆発、一躍スターに。続くセカンドシングル『あるかもね、でも、ないかもね』は子供星人たちからの根強い支持を誇り、マナーつよしの「マナつよ」キーホルダーは、当時おもちゃ屋で長蛇の列ができるほどで、学校を休んでまで買おうとする子供星人が相次いだため、一時生産を中止するという社会現象になった。さらに、「マナつよ」キーホルダーの偽物、「マナつよっぴ」「マナよわ」キーホルダーなど、類似品まででてきて、その人気を確固たるものとした。 ジャギ12年、以前から交際が噂されていたシャギー女優、「2万マイルよしこ」との結婚報道が発表された。しかし、2万マイルよしこの事務所側はこの報道を否定し、友人関係にあると訴えたが、2万マイルよしこが「そうでーす！」と言ってしまったため、そうだという事実が判明した。
これに対しマナーつよしは、クイズ番組『朝まで早押し！』に出演の際、司会者の「爆竹かんちゃん」から「今君の幸せは何万マイルなんだい?」と質問されたところ、「キヒー！」と返し、会場を大いに盛り上げた。またプロSASUKE選手の前田ツマミとは親戚関係にあたり、家族ぐるみで交流関係がある。近年では自主制作映画『力いっぱい力んで屁』が、クノイチ映画祭で準クノイチ一賞を取り、活動域を広げている。

Wikipedia
https://ja.wikipedia.org/wiki/2万マイルよしこ

2万マイルよしこ

2万マイルよしこはデュー星のシャギー女優。
ジャギ10年に映画『揚げパン』でデビュー。強烈なシャギー演技で同年、ブラヤマ映画祭にて新人二丁目賞を獲得した。2万マイルは撮影の際、現場にリリーフカーに乗って登場し、そこから2時間は降りてこなかったという。痺れを切らした周囲がどれほど降りろと言っても聞かず、ある日、同出演者の「さかむけ痛男」が、「もうリリーフカーごと撮影しよう！」と言ったところ、なんと監督からその案が採用され、料亭のストーリーながらも、若女将役の2万マイルはリリーフカーからの配膳を出す前代未聞の映画になった。映画のラストシーンでの、「リリーフカーごとかっ食べな!!!」はジャギ流行語大賞にノミネートされた。
ジャギ12年、かねてから噂されていたマナーつよしとの結婚報道が出た際、所属事務所側は友人関係であると否対したが、本人が「そうでーす！」と言ったため、そうだったことが判明した。
プライベートでは、誤って自宅の庭園で、違法肉物の肉魔導を育てていたところを通報され、逮捕されかけたことがある。

Wikipedia
https://ja.wikipedia.org/wiki/爆竹かんちゃん

爆竹かんちゃん

爆竹かんちゃんはデュー星の100発屋芸人。ユリア25年デビュー。爆竹亭一門、爆竹よっちゃんに弟子入り、早くからその頭角を表し、入門2年目にしてトリの爆竹を任せられるという、のちに言う「2年爆竹」である。「4年爆竹」の爆竹むっちゃんが当時最短爆竹だったため、周囲からは「まだ早い」との声があがったが、それを否定したのが他ならぬ爆竹むっちゃんだった。その甲斐もあって爆竹かんちゃんの名は瞬く間に爆竹ライブ界隈に広がり、「むっちゃんより早いかんちゃんがいる」との噂で持ちきりだった。また、兄弟子の爆竹めっちゃんからは「爆竹ぽっくん（初代）に見えるときがある、それぐらい早いし、すごい」とかんちゃんの技量を評価している。むっちゃんもめっちゃんと同意で、「めっちゃんの言うとおり、ぽっくんに見えるし、よっちゃんにも見える、めっちゃんもよっちゃんも同じことを言う」と舌を巻いていた。また弟子には、息子の爆竹のっちゃんがいる。息子ののっちゃんは、父かんちゃんについて、「とにかく爆竹がうまいし、早い、むっちゃんも早いけどやっぱりかんちゃん、よっちゃんも同じことを言っていた。めっちゃんも。ぽっくんに見えるときがある」と評している。
ジャギ2年に、クイズ番組『朝まで早押し！』の司会に抜擢。番組内容は、問題が出た瞬間に早押し、ボタンを連打してそのまま朝まで連打して、朝方に爆竹かんちゃんが「1問目はさておき、次の問題です！」と言って番組は終了。
妻はまきびし職人の「夏うらら」。

こんな星が、星人がいたらいい。もしかしたらいるかもしれないし、もしかしたらいないかもしれない。

さっき、天竺鼠の川原さんがお寿司をご馳走してくれた。前の文は寿司屋に入る前に書いていたが、寿司屋に入ってから、お寿司を食べている川原さんが、「こんなふざけた仕事して、それでうまい寿司食べて、いつか宇宙人の奴らに会って、この状況説明しても、誰が信じてくれる?」と言った。似たようなこと考えてて笑ってしまった。

そのあと、たくさん食べた川原さんが、「もう鉄火巻きの、一鉄火も入らへーん!」と言ってたので「いつか、自分に息子とかができたときにそのセリフ言いたいすね!」と言うと、「なんで娘ちゃうねん!!」と言ってきた。頭がおかしくて、笑ってしまった。寿司屋で、はじめて「なんで娘ちゃうねん!!」て言った人ではなかろうか。続けて、「いやそれより一鉄火も入らへーん!」と言った。

変な仲間の、幸せな空間だ。真向かいの客席に、おじいちゃんおばあちゃんたちがいた。いつか歳をとり、この寿司屋にまた来たい。同じことを言おうと思う。また「なんで娘ちゃうねん!!」が聞きたい。「なんで娘ちゃうねん!!」が聞きたいがために、この寿司屋に来よう。おじいちゃんの「一鉄火も入らへーん!」が聞きたい。

さらに今、この文を打っていて、隣で外国人の人が陽気にフェイス電話をしている。「t#mdgpjtgt@゛@ハッハ～!! ハハハ～！」笑ってることだけはわかる。手には紫色のコップを持って、それを見せながら話している。フェイス電話の相手は、そのコップを指差して笑っている。どうやらこのコップで盛り上がっているのだ。内容が気になるが、ただただ笑っていることしかわからない。めちゃくちゃ笑っているので、ただのコップではない。気になる。なんのコップなんだい……？

さっきまであたくしはお寿司を食べていたのだ。今、隣で外国人が変なコップを見せながらフェイス電話して笑っている。なんのコップなんだい……？　気になるけど帰ろうと思う。帰って、寝ちゃお！

そういえば、お寿司を食べ終わったあと、「今飲むシェイクが一番うまいすね！」と言うと、川原さんが「外でてから言えっ」と小声で気を遣っていた。それより少し前に、大将が大トロのかたまりを切っているときに、「こんなん道端に落ちててもなんもわからへん。足でチョンチョンするだけや！」と言っていた人が、「外でてから言えっ」と気を遣ったのも面白かった。

結局、今あたくしは紫色のコップの外国人の通話が気になってしょうがない。あんなに美味しいものたくさん食べたのに。外国人がフェイス電話で、紫色のコップを見せてめちゃくちゃ笑っている。なんのコップなんだい……？　教えてくれ…！　頼む‼　ああ、雨降ってきた‼　サイアク～～‼

そんなことよりさ、なんのコップなんだい……？

じいちゃん

遠い日の、あの日の、寿司屋で。

昔、芸人になったばかりのころ。じいちゃんとした約束があった。オラのじいちゃん。名前は正美。原田正美。田舎に帰ると必ずうまい寿司屋に連れて行ってくれて、カウンターの寿司屋でたらふくご馳走してくれた。いつもそのときに言っていたのが、
「和也が売れたら、和也の奢りで食べてなあ、二人でビールを飲んでなあ、それがオラの一番の楽しみだあ〜!」そう言って、笑った。
「売れるまでは寿司をたらふく食わすから、売れたら逆に、寿司をたらふく食わしてくれヨ!」というのだ。かわいい夢じゃないの。

じいちゃんの一番好きな寿司はコハダだ。忘れない。忘れたくない。

東京に出てきて、数年が過ぎた。田舎に帰ると、親戚の人たちも心配して、「かっちゃん芸人頑張ってるか?」みたいな会話になった。「楽しんでるよ、アハハ」と笑っていると、その中でじいちゃんが関係なく、「また寿司屋行くんだあ」と笑っていた。じいちゃんは、いつもと変わらない様子で、「ビール飲むんだあ、なあ、カズ!」と、また笑った。

じいちゃんの一番好きな寿司はコハダだ。忘れない。忘れたくない。

それから楽しい日々はずっと続いた。芸人はよく考えたら、ほとんど働いてないのだ。そりゃ楽しいに決まっている!「遊びほうけている!」というイメージがついているけれど、本当にそのまんまの「ピーヒャラ♪ぴ〜♪」の「踊るぽんぽこリ〜ン♪」のイメージで笑ってしまう。みんな、働きたくない一心で芸人をやっている。もちろんお笑いが大好きで。お金がなくとも、ガハハと笑う。人生を曲がり曲がって、ヘラヘラする。屁をこいて、わーっ!!と逃げる。信じられないくらいの、変な職業だと思う。

時計がチクタク、日々は過ぎていく。

いろんな人に出会った。劇場、バイト先、芸人、友人。半年に一回は、田舎に帰れていた。田舎に帰ってじいちゃんに会うと、「なんだぁその服、しまむら行くんだあ！」そう言って、いつも連れ出してくれた。しまむらでブカブカのパーカー、柄が変な靴下。田舎でしか見たことない店「アルペン」で、見たことないスニーカーといっしょに。

時計がチクタク、日々は過ぎていく。

東京に来てしばらく経った。上京する前に実家にいた犬猫たちも、ずいぶんといなくなった。じいちゃんはというと、体調を悪くして入退院を繰り返していた。自分が東京でお笑いピーヒャラをしていた十数年、田舎でじいちゃんは何を思っていただろうか。山と田んぼに囲まれたあの町で、遠くの工場の煙突から、のんびり出る煙を見ながら、何を思っていただろうか。

じいちゃんが亡くなる前、母親と入院先に行った。テレビカードが何枚も置かれていた机に、チューブ姿のじいちゃんが笑って迎えてくれた。母親が「和也がテレビに出るのを楽しみにしとるんよ」と言う。じいちゃんは声を出せず、ニコッと笑う。

本当は違う。違う。じいちゃんの夢は、じいちゃんの夢は。

うちが売れて寿司屋に行って、たらふくご馳走して、二人でビールを飲むことなんだ。
そうだろうじいちゃん？　知っとるんだ。
オラはじいちゃんが大好きだから、知っとるんだ。
うちが売れて寿司屋に行って、たらふくご馳走するんだ。
二人でビールを飲むんだ。コハダを食べるんだ。
そうだろうじいちゃん？
今、じいちゃんからオラはどう映る？
悪魔みたいに見えとらんか？
オラはじいちゃんが大好きだから、ようわからん。
寿司屋に行って、コハダを頼んで。二人でビールを飲む。
そうだろうじいちゃん？
オラはじいちゃんが大好きだから、知っとるんだ。

夏前。蚊取り線香の匂い。机に置いたテレビカードは使われることなく、そのままになってしまった。残ったのは、ブカブカのパンツ、柄の変な靴下。アルペンで買った、知らないスニーカー。

最近。上京してきて15年目。

少し稼げるようになって、一人でカウンターがある寿司屋に行った。酢のいい匂いに囲まれながら、「何にしやしょう?」と大将が聞いてくる。

「えーと、コハダ下さい」

はじめて、コハダを自分から頼んだ。

「へいっ!」

うちは、実はコハダがあまり好きじゃない。それでも、稼げるようになったときに、いつか二人で食べようと思っていた。

「あ…っ、ビールも下さい」

「はいよっ」

ビールを頼んで、大将の手際をチラチラ見る。カウンター席は落ち着かず、なかなかに緊張する。

「コハダおまちっ!」

コハダが置かれる。ビールを横に、コハダをつまむ。パクリと食べる。

「……」

やっぱり苦手だ。ほらじいちゃん、コハダだ。

「〜〜〜」

苦手だけど。もぐもぐ食べる。ビールをぐびぐび飲む。実はビールも苦手だ。

「……」

横を見て、

「ははは」

空いた席。誰もいないその席。約束は果たせなかった。


もうマジヤバ！　最悪なんですケド💦　ギャフンなんですケド💦

じいちゃん。

東京でいろんなもん食ったぞオラは。

たんと美味しいのいっぱい食ったぞ。ははは。

今からもっとうまいモンあるんかな？　わくわくするなあオイ。

一緒に食いたいなあ、あはははは!!

今のところ、じいちゃんと食べた寿司が、一番うまかったよ。

じいちゃん。
オラの奢りで、うまい寿司食いに行こう。
二人でビールを飲もう。
それから笑おう
そうしよう。ね。

「へいおまち！」

もう一度、コハダを頼んだ。

「〜〜〜」

ほらじいちゃん、コハダだぞ!!
じいちゃんの一番好きな寿司はコハダだ。忘れない。忘れたくない。

ラッキーが見ていた景色

人生において、最高に面白い、最高にカッコいい、最高にダサい、最高に最高の、そんな最高の瞬間に出会ったとき、あたくしは「ぬはーーっ!!!?」ってなる。最高。

本当に人生は楽しい。


他人にとってはどうでもいいことだけど、本人にとっては一生心に残る瞬間がある。

本人にとってはどうでもいいことだけど、他人にとっては一生心に残る瞬間がある。


これはすごいことだなあオイ！ 意味わかんないもん！ 言葉にはできないけど、この星にはなんてことない瞬間だけど、その星の中の、小さな、小さな、砂粒みたいな、一人の人間にとっては、言葉にできない、たまらない瞬間がある。

そんなの、意味わかんないもん！

中学生のときに、友達のマーピーと小山くんと三人で、放課後近所の小学校の校庭でバスケットボールをしていた。三人とも白熱していて、カッカしていたのかボールが向こうへ行って、えんぞろ（富山弁、道端にある溝みたいな所）に落ちた。マーピーは「早ようボール投げ入れい！」と言ったけど、ボールを持った小山くんは「やめといたほうがいいと思う！」と言った。それでもマーピーは「ふざけるなちが！　早よせいちが!!　早よせんかいダラ!!」と、富山弁でまくし立てた。そしたら小山くんが「そんなに言うならマーピーjggdpw#tぱー!!」みたいな奇声をあげて、マーピーめがけて思いっきりボールを投げた。

勢いよく飛んできたボールを、マーピーは「パーン！」と、顔面の前でキャッチした。そのときボールには大量の「ドブ」がついていて、「ビチャ!!」と、マーピーの顔はたちまち真っ黒になった。マーピーは「ちびてっ（冷たい）！」と叫んだ。ドブ顔になるのと、ほぼ同時に叫んだ。『ちビチャッつ！』に聞こえた。そのあと顔面が真っ黒になったマーピーは、「ひーん！」と泣いていた。

それがあまりに面白くて、あまりに面白くて、１ヶ月くらいずっと笑っていた。

「ま、マーピーがあ、マーピ、マーピーひひっ、マー、マーー！　あはははは!!」

家でも、外でも、学校でも、寝る前も、起きても、どこでも、腹を抱えて笑っていた。

「マ、マーピーが、泥、顔っ、ひひ！　ビチャって、マー、あはは！　マ、マー！」

家で何回もこの話をしては、まったく伝わらない、父、母、妹。家族全員、ドン引きしていた。

今のところ、人生で一番笑った出来事だ。なんてことない出来事だけど、その場の、その瞬間の、その構図の、その人の、そのタイミングじゃなきゃダメな、ドブじゃないとダメな、「ちびてっ!!」じゃないと、言葉ではまったく伝わらない、できれば脳内映像を見せたいが、これは自分だけが持っておきたい宝物だ。あれを特等席（マーピーの真横）で見れた僕は、本当にラッキーだった。


話は変わりますが、あたくしの前世の話をしましょう！

人から教えてもらった、あたくしの前世を～


それを聞いたのは、3年前くらいに天竺鼠川原さんとご飯を食べていたときで、もう一人、川原さんと昔から仲の良い友人の方がいて、その方が〝前世〟が見えるらしく、僕を見て笑いながら話してくれた。話してくれた方がとても楽しそうに話してくれたので、こちらも楽しく話したいものです。

聞いたところによると、あたくしの前世はデッカイ隕石だったらしい。

デッカイ石がずーっと宇宙空間を飛んでいて、飽きもせずほんとにずーっと、宇宙空間を猛スピードで、ひたすらに発光して飛ぶ、しつこい石。

ビュ――――――ン！　ビュンビュン！　ビュ～～～ン！

当時のあたくしは飛ぶのが大好きで、いつも飛びながら過ぎていく、宇宙のピカピカした光景がたまらなく、それにハマってひたすらに、５００年も飛んでいた。

そして、５００年間飛び回って気が変わったのか「一度、どっかの星に降りてみよ！」と思い、適当に『近場の星』にズザーっ！と降りた。ここでバカだったのが、また飛び立てると思っていた。

「ふぅ～～～～ん。な～るほどねぇ～～～～」

星に降り立ったものの、誰もいないし、なんか暗い。この星は、ダメだ。

「案外つまんないなあ～。やっぱ飛んでるほうが楽しいな――!!」

そう思って飛ぼうとしたけど、そこはデカイ石のかたまり。翼もなんにもない石だけに、「飛べない」と気づいたときは、相当焦ったらしい。

そこでどうしようとあたふたして、数ヶ月が経ったある日。自分の左側から、ミミズみたいな虫?がウニョウニョとやってきて、ゆっくり自分の前を通り過ぎていく。

「!!!!?」

それがすごく嬉しかったみたいで、「自分の他にも、この星にいるんだ!」と感動して、またその虫がやってくるのを待つことにした。

ひたすら待って、待って、

ひたすら、ひたすら、

ひたすら待って、ひたすら

ひたすら、

２００年後。

「あ、もう来ないな」

気づいたあたくしは、そこで大変なショックを受け、真っ黒になって死んだらしい。

あんなに発光していたのに。

これを話してくれた人が何故か笑いをこらえながら話してくるので、なんで?と聞いてみると、この話をしているときに、あなたの横に、未だに「前世の黒くなった石」が中継のように、ワイプで見えてるからだと、笑っている。未だにどこかの惑星に、あたくしの原石がある。

その人は付け加えて、

「あはは！　国ちゃん、さらに前前世はヒトデみたいな宇宙人やわ！」と言う。

前前世。隕石の前は、ヒトデによく似た生物だったみたいで、ヒトデ型の生物しかいない星に住まう、謎の生命体『ヒトデ星人』だった。

その生態はというと、朝日が昇ると、みんな海から出てきて、その光めがけてひたすら踊るだけの、ヒトデ星人。各自に踊り場があり、みんなで楽しく踊り、日が沈むと、しゅんと残念がって海に帰っていく、ヒトデ星人。

あたくしはというと、海のはじっこにある海岸を見つけて、専用のお立ち台みたいなところでせっせと踊り、あまり人気のないお立ち台で「ヨヨイのヨイ♬」とはしゃいでいたらしい。たまに違うヒトデが踊ってきて邪魔されたりしながらも、怒ることなく後ろのほうで楽しく踊って、ヨイヨイヨイ、踊って踊って、２００歳でパタリと死んだらしい。

「あははは、国ちゃんすごい！　これが、今までの、国ちゃんの歴史でダントツで楽しかったみたい！」

「ヒ、ヒトデのときが⁉」

「うん！　めっちゃ幸せそう！」

「……」

隕石よりも、今世よりも、この「200年踊ったヒトデの日々」が今のところダントツで楽しいらしい。


「……」


そんな気がしてきた。

あのときが、ダントツで楽しかった気がしてきた。

川原さんも笑っていた。川原さんも前世は宇宙人で、〝地球が楽しすぎて、ずっと地球を8周くらいしている宇宙人〟だという。ゲームでいえば、7回全クリして、8周目に突入している、地球好きの変な宇宙人だ。

「お互いヤバいっすね〜〜！」ガハハと笑うと、川原さんが「地球楽しもうな、国〜」とビールを飲みながら、笑っていた。いい星だと思った。今世も楽しめそうだ。

さて、あたくしの実家には昔から、動物がたくさんいました。子供のころから犬猫に囲まれた生活をしていたので、人間と犬と猫にあんまり境目がなく、人間は喋るし、犬は吠えるし、猫はよく鳴くなあという印象でぼんやりと過ごしていました。ここで良かったなあと思うことが、人や動物や出来事を、なんとなく、「ボヤーっ」とだけとらえて生きてきたので、言葉よりも色や音のほうが先に「ぐわん」とくる感覚がずっと残っていて、それでいろいろ物事をとらえたりできるのが、すごく楽しかったりします。

子供のころ、どうしても言葉で伝えるのがまどろっこしくて、〝もっと簡単に、パッとテレパシーとか、何かがあればもっと便利なのになあ〟と考えていて、下校途中、「どうしてこれ（言語）なんだろう!?」と、友達の千場くんに聞いたら、「でもその説明も！日本語だけどね〜！」と、『してやったり』みたいなことを言われて、ケンカになったことがある。そのケンカも、「なんだと！」「やるか！」「ふざけるんじゃない!!」「キィ〜!!」など、めちゃくちゃ日本語で言い合いながらのケンカだったから、ほんと恥ずかしい。やんなっちゃう！

そんなあたくしですが、昔、実家で〝クロ〟と〝ラッキー〟という二匹の犬を飼っていて、高校2年生のときに、お父さんの仕事を手伝っていると、クロが亡くなったと連絡が入った。クロは老犬だったので、いつポックリいってもおかしくなかったが、当時高校2年生だった自分はかなりのショックで、今は泣かまいと、お父さんの仕事をなんとか手伝うのに必死だった。

家に帰ると、クロの亡骸は毛布に包まれ、優しくダンボールにおさまっていた。小学校から飼っていたクロは散歩が大好きだけれども、最近は歳のせいでたびたび疲れて座ったり、よろけて倒れてしまったりすることがあった。それでもしばらくしたら起き上がり、何事もなかったかのように歩きだした。

ここであたくしはクロに、『生きていくことは何か』を学んだと思う。

答えはわからないけど、どうして生まれてきたかもわかってないけど、とにかく走ったり散歩したりして、のんびり行こうじゃないの。そうこうしていくうちに、いろいろ見えてくるかもしれないよ？　のんびり行こうよ。

そんなクロが死んで、その日の散歩をするはずだった予定がパーになってしまった。しょうがないからラッキーと近所をウロウロ散歩して、どうしようもない気持ちのまま帰ってきた。

翌日の早朝、4時。

夜のうちに「そうだ!」と思いつき、クロの亡骸を、畑仕事で使う一輪車に乗せて、上から毛布を被せて、いつも散歩している田んぼや山道を歩いてまわった。今考えると、「この人ヤババ!」となるが、一緒に散歩した道を、もう一度クロと歩きたかった。ラッキーと、クロの一輪車をひいて、毛布からクロの顔を出してやって、いろいろ景色が見えるようにして、ゆっくりと、馴染みの山道を歩いた。田舎の朝は早いので、二人くらい農家のおばちゃんとすれ違ったけど、変に思われただろうか。

しばらくして家に帰って、起きてきた妹が、朝からまた号泣しているのを見て「しょうがないちゃ、うんうん」みたいなことを言って、過ごした。

それから1ヶ月くらいが経ったとき、ラッキーと散歩をしていた。あたくしはいつもボーっとしていたので、ヒモが「ピン!」となって、ハッと我にかえることがよくあった。その日はずいぶん長いことたたずんでいたのか、ラッキーが痺れをきらして、ヒモを引っ張って歩き出そうとしていた。

「ああ、ごめんねラッキー」

『ハッ、ハッ、ハッ』

ラッキーがこっちを振り返る。

『、』

スンスン鼻息をたててこちらを見ている。

そのとき、なんでそんなこと聞いたのか、よくわからないけど、

『、』

今日も暑いねラッキー。オラの行きたいとこわかる??　と聞いてみた。


『ハッハッ、ハッ』


ラッキーが、逆方向に歩き出した。

驚きながらヒモに引っ張られてついていくと、田んぼを抜けて、竹林をゆっくり進み、竹のトンネルをくぐった先には、小さな川が流れている。

その川とはいえないくらいの、小さな水の流れのその先に、その場所はある。

「――。」

それは、行きたいと頭の中で浮かべていた、竹に囲まれた、小さな池だった。
『ハッハッハッー』
ベロを出したラッキーが、暑そうにこちらを見ている。

その瞬間、言葉も、全部をこえてきた。

目に見えない、言葉では伝えられない、音でも、色でもない。知らない。伝わるはずのない、なんともいえない、素晴らしく綺麗なものが、全部をこえてきて、ラッキーがこちらを見ている。

『ハッハッハッー』

竹がゆらゆら揺れて、その背景を後ろにしたラッキーは、嬉しそうに見えた。たまたま、偶然だったかもしれない。たまたま歩いた方向が、この池だっただけかもしれない。よくわからない。

でもそれは、ラッキーにとっては、どうでもいいことだったかもしれないけど、自分にとっては、一生心に残る。とんでもない、素晴らしい瞬間になった。

それから高校を卒業して、東京に行ってからも、田舎に帰ってくるたびに変わらない散歩の日々が続いた。

「あんたはラッキーと散歩をするために帰ってきとるな」

母親がそう言うくらいに、毎日散歩に出かけていて、山を見たり、シーズン前の田んぼを二人で走り回ったり、休日の小学校の校庭で遊んだり、夏には山陰を歩き、冬には雪野原をグサグサ歩いた。

不思議に思っていたのは、あの〝小さい池〟に着いたときに、ラッキーはいつも池の反対側に行って、そこに座って、しばらくたたずむことだった。お気に入りの場所なのか、なかなか動かない。

「?」

〝まあ落ち着く場所なんだろうなあ……〟そう思いながら、また東京に戻って、田舎に帰って、そうして年月は過ぎていって、東京に来て数年経った、1月。

正月の朝に、実家から連絡がきた。母親からの電話で、ラッキーが亡くなったという。電話口でしくしく泣いている母親に、「しょうがないちゃ、うんうん」みたいなことを言って、過ごした。

不思議と涙が出なかったのは、田舎に帰ったら、ラッキーとばっかり散歩していたからだと思う。ヒモに引っ張られて、どこへでも行った。おおよそ食べられる美味しいものは、たくさんあげた。たくさん散歩して、笑って、走り回って全力で遊んだ。思い残すことはなかった。

しかし、ラッキーがいなくなってからは、田舎に帰っても外に出かける理由がなくて困った。一人で外をブラブラしていると、近所の人に変な目で見られるため、家で猫たちと遊びながら、ぐーたらと過ごす日々が続いた。

それから数年後。田舎に帰ると、家では新しく子犬を飼っていて、名前を〝コトラ〟といった。コトラは子犬全開で、目をかっ開いてドカドカと、進む方向も決まっておらずとにかく嬉しそうに走っていた。リビングではしゃぐ子犬を見ながら、犬も猫も大の苦手なお父さんは「お母さん、また飼うてん。アホやろ……」そう頭を抱えて、その父親の足周りをコトラは走り回り、ソファーにいる猫にちょっかいをかけ、猫が一目散に逃げていった。

「…カズ散歩つれてけ。頼んちゃ……」

うんざりしている父親に頼まれて、久々に散歩に出かけることにした。

玄関を開いた。家の前からは、田んぼや山が大きく見える。そこをめがけて駆け出して、稲のいい匂いをかぎながら走った。田んぼ道を走っているとき、横から見る田んぼの苗たちがザーッと綺麗に疾走していく風景が好きで、楽しくなってきた。さらに久しぶりの散歩にテンションが上がって、ふと、あの小さな池に行きたくなりコトラを連れて行くことにした。

田んぼを抜けて、竹林をゆっくり進み、竹のトンネルをくぐった先には小さな川が流れている。その川とはいえないくらいの、小さな水の流れのその先に、その場所はある。

小さな池につくと、子犬と二人。首輪のリードの紐をはずしてあげると、すぐはしゃいで走り回っていく。クロもラッキーもいなくなったその場所で、子犬のコトラが走り回ってるのが、なんかヘンテコでおかしかった。

そのうちコトラは、池の周りを回って反対側の、よくラッキーが休んでいた場所に座ると、あたりの草を食べだした。「あっあぶない」と、あわてて追いかけて、はしゃいだコトラを捕まえて、リードの紐をつけてバタバタしていると、しゃがんでいたので、犬の目線になった。

池の向こう側の景色が見える。

反対側から景色を見るのは、はじめてだった。

ラッキーの目線で景色を見るのは、はじめてだった。

「　」

ようやくわかった。

「　」

ラッキーの目線の先には、僕が立っていたのだ。

ラッキーは、

「　」

いつも僕を見ていたのだ。

知らなかった。

言葉がないから、わからなかった。

なんでいつもそこで座っているんだろうと思っていた。

いつも不思議に思っていた。

でも、今。ラッキーは、この景色を見ていたことがわかった。

その瞬間は、全部をこえて、やってきた。

「ラッキー。言うてくれんと。わからんて」

竹がゆらゆら揺れて、川が小さく光りながら、僕もそこにいた、この景色が。

「、」

素晴らしい。景色だった。

素晴らしい。景色だった。

この地球に、もういない犬から見せてもらった最高の景色だった。

しばらくその場所にたたずんでいたのか、リードの紐がピン!となった。

「ハッハッハッ」

退屈そうにしているコトラに、ごめんねと、散歩を再開した。

竹林を抜けて、思いっきり走る。

子犬のくせして足が速いコトラに、なんとか追いついていく。

田んぼ道を走る。

苗たちがザーッと綺麗に疾走していく。

ふるさとの、匂いがする。

もう地球にいない犬に、

「、」

なんとか、伝えてやりたい

「、」

言葉では届かない、知らない。どうすればいいかわからない。

「、」

それでも走っていく

「、」

山がにじむ。夕日が赤く赤く、

「、」

足の裏側が熱い

「、」

すべて全力でこたえたい

子犬を見る。

嬉しそうに、走っている。

「、」

きっと、くる。

いつか、やってくる。

いつか、

「、」

きっと、また どこかで。

それは、

その瞬間は

全部をこえて、やってくる。

っぽくない?

少年のころ
スパークした
ブッ
道徳
漫画
買った漫画が
大当たりだった
それからというもの
その作者が描いた漫画しか
見なくなった
僕の少年期は
彼らと共に過ぎていった
てめーらには
おしえてやんねー!!!!
くそして
ねろ!!!!!

あの本を買った本屋は潰れてなくなってしまったが
本
なかた書店
今日は何やら
その跡地にボンヤリと何かが見える
それは

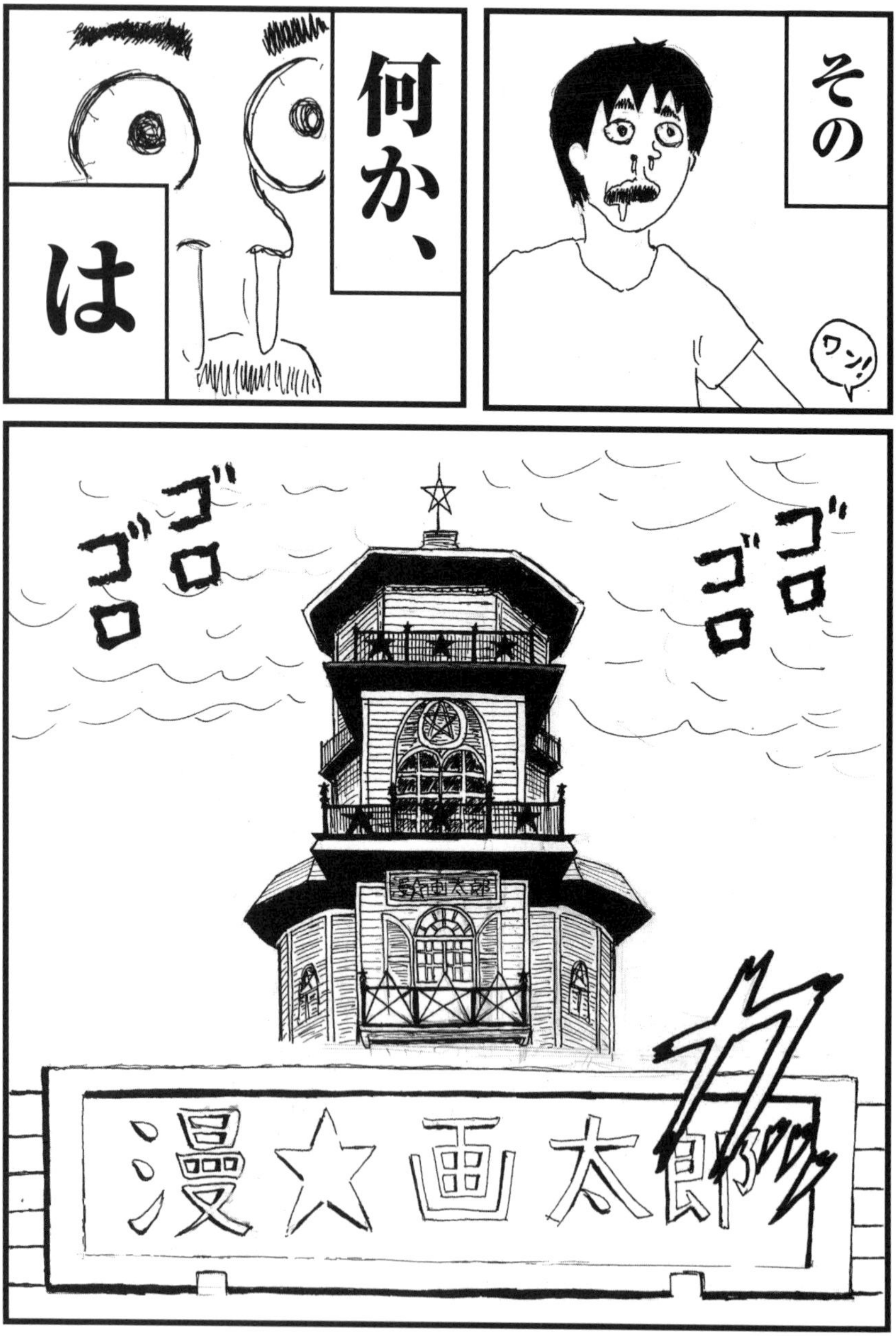
その
ワン!
何か、
は
ゴロゴロ
ゴロゴロ
漫☆画太郎
カ

漫☆画太郎先生、だぁ〜い好き♥

あたくしは、小学校4年生のとき、すこぶる頭が悪かった。成績は、ゲボ吐くくらい悪かったのだろう。担任の先生が、家庭訪問のときに本当に褒めるところがなかったのか、「明るい」「元気」「いい子!」その話題だけで1時間しのいでみせた。母親はそれを察知して、「このままでは息子はとんでもないバカになる」と思い、何か教養に役立つ本がないかと、僕を本屋に連れて行った。そもそもあたくしは文字がそんな好きじゃなくて、長い文章とかはご勘弁派だった。長々と書かれた文章より、「晴れ!」「曇り!」「雨!」くらい、スパッとわかりやすい、絵柄がパッと見てわかる漫画のほうが、絶対いい。とにかく文字を読むのが、面倒くさかった。

そんな大バカでもわかるようにと母親が見つけたのが、『まんがでわかる日本の歴史』という本で、僕が見つけたのが、『道徳戦士超獣ギーガー』という本だった。見つけて、そのなんともいえない表紙に一発で惹かれた。

「これが欲しい！」

母親は悩んだ。どちらか一冊を買うとして、息子が持ってきた本を見る。

『道徳漫画』

表紙に、そうデカデカ書いてあるのだ。道徳戦士超獣ギーガーの文字は、申し訳程度に小さく書いてある。そして、母親はその表紙に騙されて、「道徳漫画……。そうね、まずは息子のモラル、道徳を高めないと……！」と、『まんがでわかる日本の歴史』ではなく『道徳戦士超獣ギーガー』を、僕に買い与えた。

これが、大失敗だった。

絶対に、『まんがでわかる日本の歴史』だった。家に帰って、ギーガーを開いた。衝撃が走った。思っていた以上に、本当にひどい漫画だった。犬の主人公ギーガーが、道でガムを吐き捨てる若者に注意すると、若者がギーガーをぶん殴った。するとギーガーが大激怒。ギーガーの背中がバリバリ破れ、犬の着ぐるみからバリバリと巨大な怪物が出てきて、その若者をガムのように口に放り込んで、バリボリ噛んで、道に吐き捨てる！

一話目終了！　という内容だった。

本当に、本当に、ひっどい漫画だったのだ。予感は当たった‼　道徳漫画なんかじゃないぞ！　特大の大スパーク💩ビチグソ漫画だった✨　これだこれだ！　これなんだ‼あたしゃの求めていたものはこれだ‼　スパークなんだ！　うんこなんだ💩作者は誰だ⁉　うんこか⁉　漫☆画太郎‼　漫☆画太郎先生‼　漫☆画太郎先生、万歳！

それからは毎日、夢中でギーガーを読んだ。成績は下がる一方だった。

『地獄甲子園』という漫画も買った。野球の試合をするが、対戦相手のチームが外道すぎて、バットで殴打、火薬、地雷、爆弾。何でもありで、チームメイトがほぼ即死。残された校長先生とメガネのキャラが二人で戦うという、大クソ野球漫画だった。成績はさらに下がる一方だった。学校から帰って、宿題もやらずに読みまくった。

さらに『つっぱり桃太郎』という漫画も買った。内容は昔ばなしの桃太郎をモチーフにしているのだけど、犬、猿をスルーしてしまい、はじめに見知らぬババアが仲間になる。しかもそのババアが強すぎて、だいたいの敵は倒してしまう。やっとキジが仲間になったと思ったら、そのキジをババアが間違えて殺してしまう。さらにお腹がすいたから、「このキジ、焼いて食おう！」と桃太郎に提案する。そして、ババアと桃太郎がキジを食べて、「うんめー！」と言うところで、この漫画は打ち切りになった。

それから十数年後、自分は芸人になって『ランジャタイのキャハハハのハ！』というDVDをオフィス北野（当時の所属事務所）から出したとき、サンプルDVDを、芸能人、歌手、文化人、漫画家、あたりかまわず送ってみた。そして、それから1ヶ月くらいが経ったとき、事務所に一通だけ、返信の手紙が届いた。

DVD拝見しました。
ありがとう、全部面白かったです！
特に○○の漫才が、喉から血がでるくらい笑いました！
国ちゃん幸ちゃんにヨロシク！

漫☆画太郎より

子供のころの懐かしい、本屋の匂いがした。先生は、見知らぬ芸人のDVDを見て、粋な手紙まで書いてくれた。なんて人なんだろうか。あの本屋でギーガーを見つけてよかった。ギーガーを選んで大正解だった。あの日々の延長線上に、この手紙があるのだ。

さて、漫☆画太郎先生。最近、風の噂で先生の漫画が〝有害図書〟になるとの噂を聞きました。なんてことでしょう！　先生の漫画は、有害図書ではありません！　大変、素晴らしい漫画です。僕は知っています、どれだけうんこが出ても💩どれだけ死人が出ようとも💀どれだけ爆発しても💣先生の漫画は最高です🈵どれもこれも、素晴らしい漫画だらけです。有害図書ではありません！　後世に伝えたい上質図書の数々でございます。全ＰＴＡに言いたい。安心して下さい、決して、有害図書ではありません。お子さまに是非一冊。一家に一冊。漫☆画太郎を。

先生、新作読みました。チン棒から血がでるくらい笑いました！
また、新しいビチグソ打ち切り漫画、楽しみにしています💩
いつまでも、最高に面白い漫画を描き続けてくだされば幸いです。
それでは、失礼致します。

画太郎先生、だぁ〜い好き♥

ゴロゴロ
ゴロゴロ
カッ
いかがでした?
「画太郎先生
だぁ〜い好き♡
」

え!?
つまんなかった?

てめえは　もう二度と読むな――――ッ!!!

死・・・
ブンシャカブンシャカ♪
ブンシャカブンシャカ♪
な…
なんだ
この音は!!?

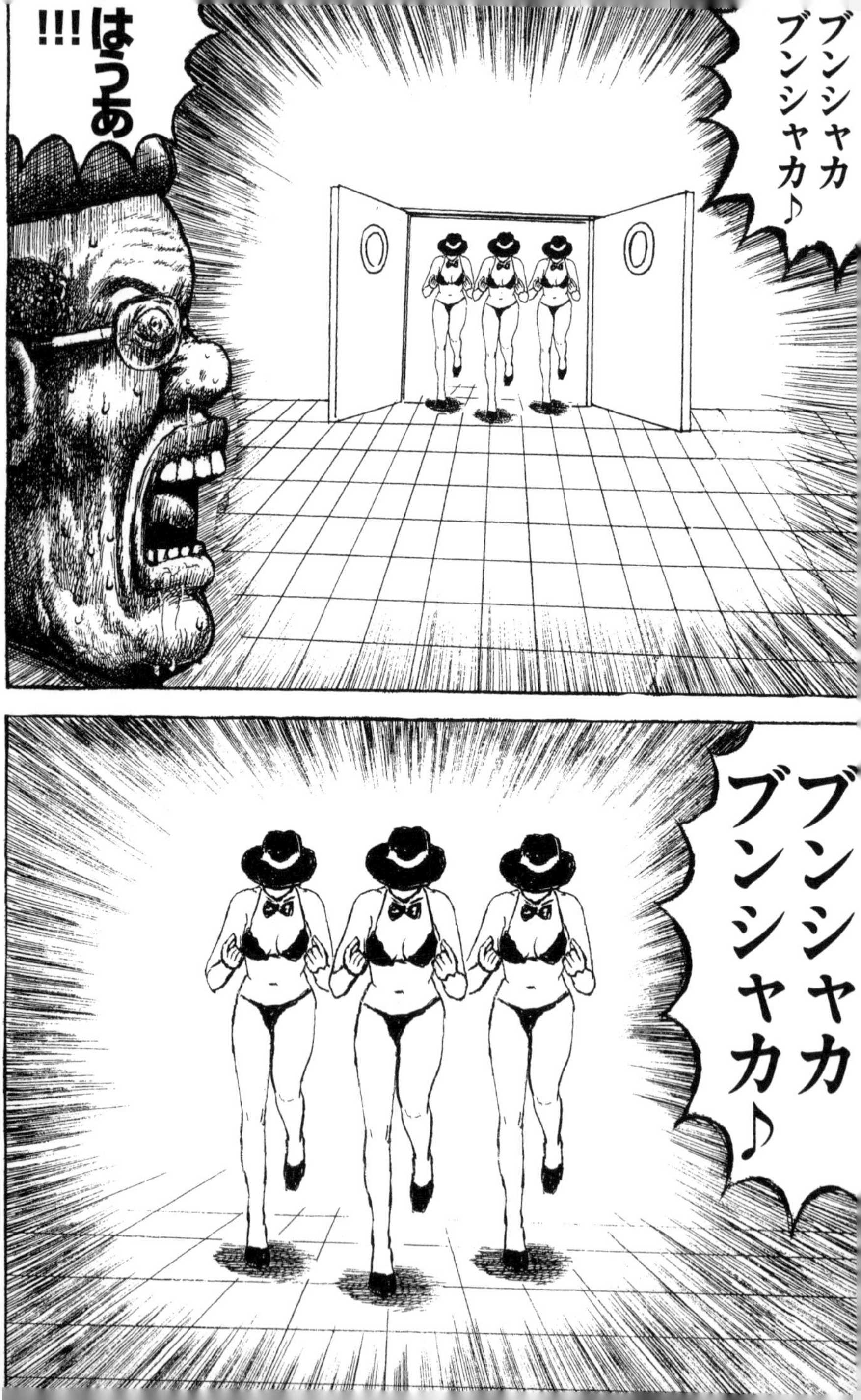
ブンシャカ
ブンシャカ♪
はっあ!!!
ブンシャカ
ブンシャカ♪

ハーピ
バースデー
トゥー
ユー
ポカーン
ハーピ
バースデー
ポカーン
どん
トゥー
ユー
ガタロウくん
たんじょうび
おめでとう

ハーピ
バース
デー
トゥー
ユー
うひょー——!!!

ハーピ
バース
デー
トゥー
ユー
ポローン
うひょー
ハーピ
バース
デー
トゥー
ユー
プリーン
うひょーー

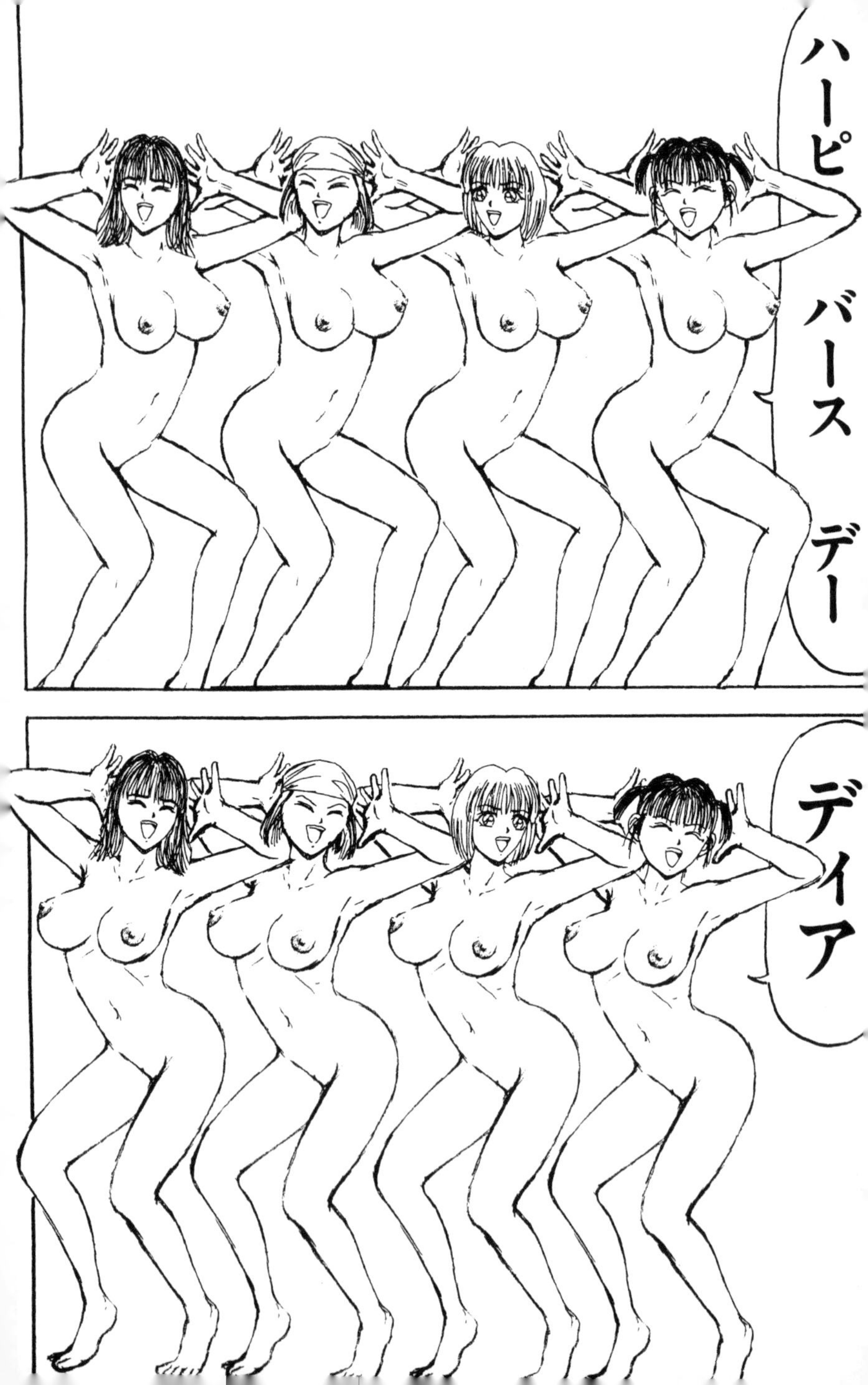
ハーピ　バースデー
ディア

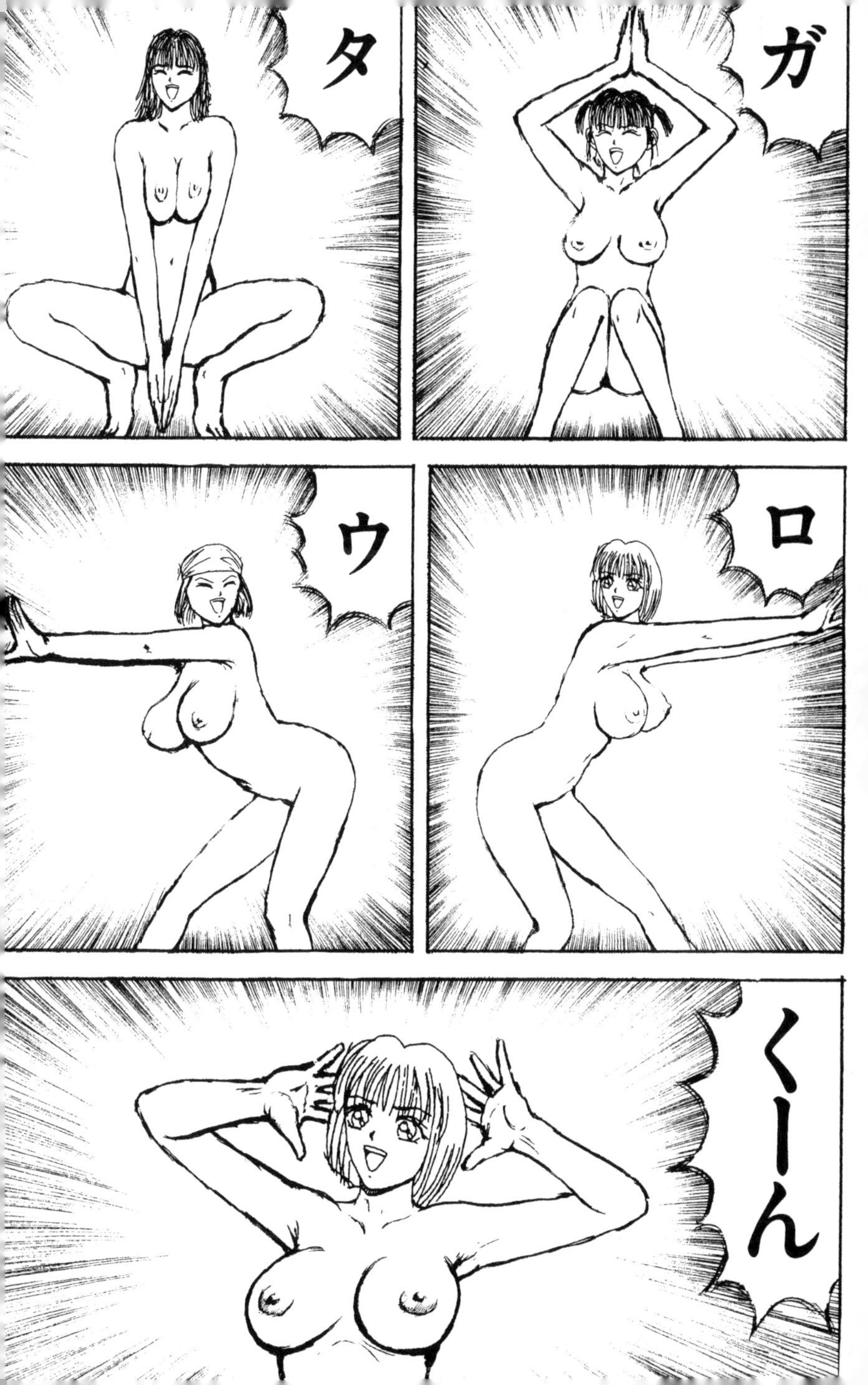
ガ
タ
ロ
ウ
くーん

ハーピ
バースデー
ぐるん
ぐるん
ぐるん
ぐるん

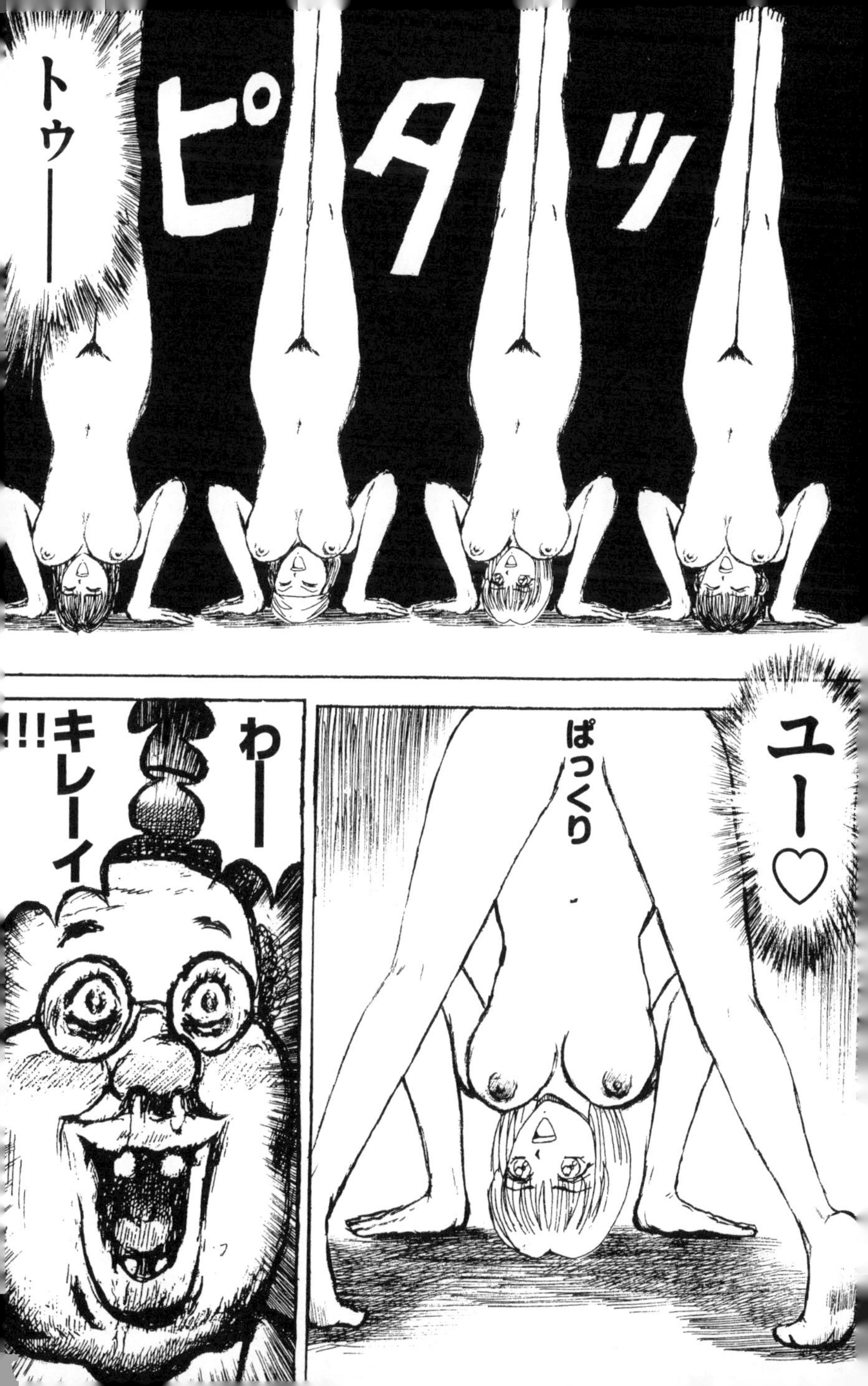
ピタッ
トウーー
ユー♡
ぱっくり
わーー
キレーイ!!!

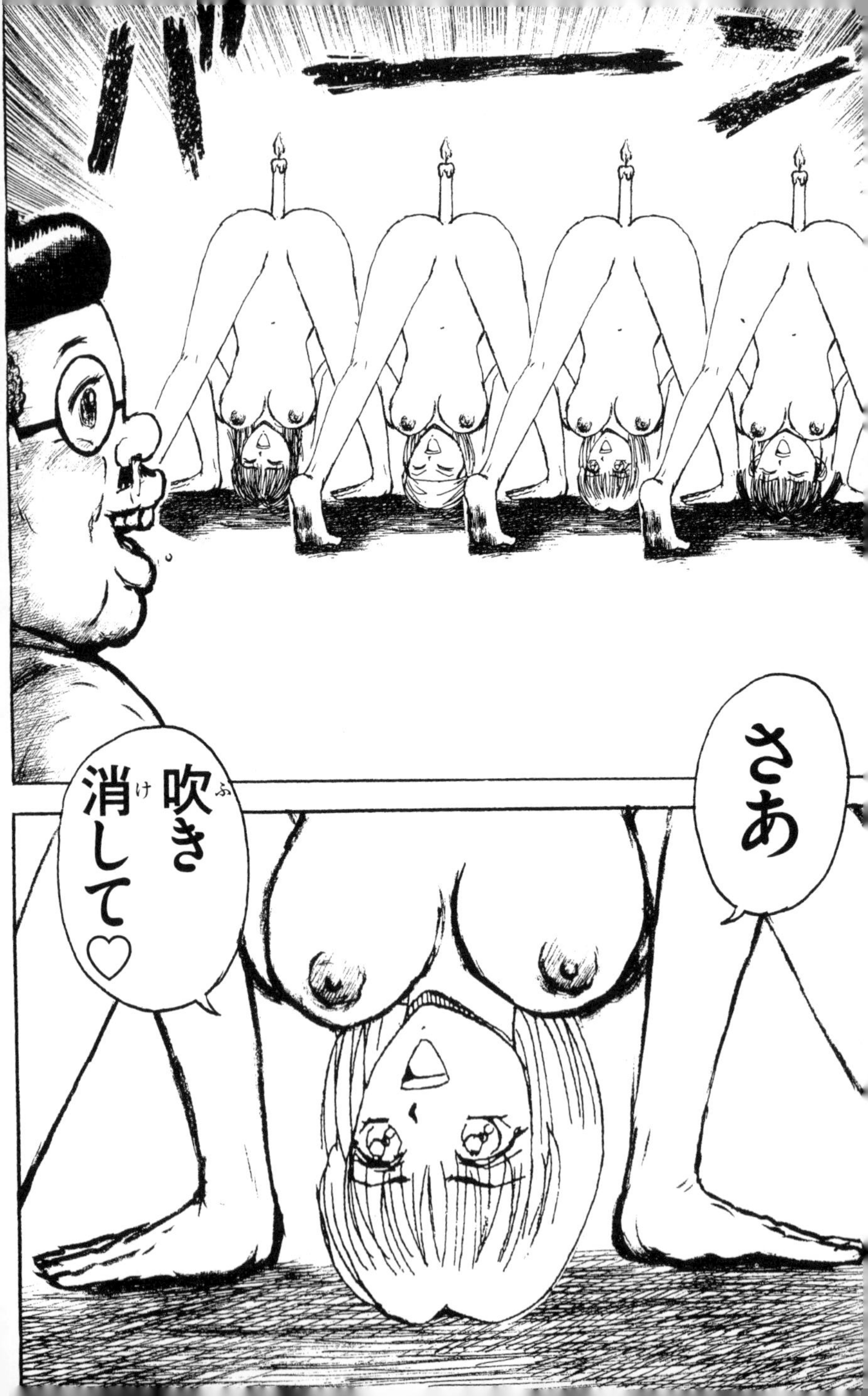
バ――ン
さあ
吹《ふ》き消《け》して♡

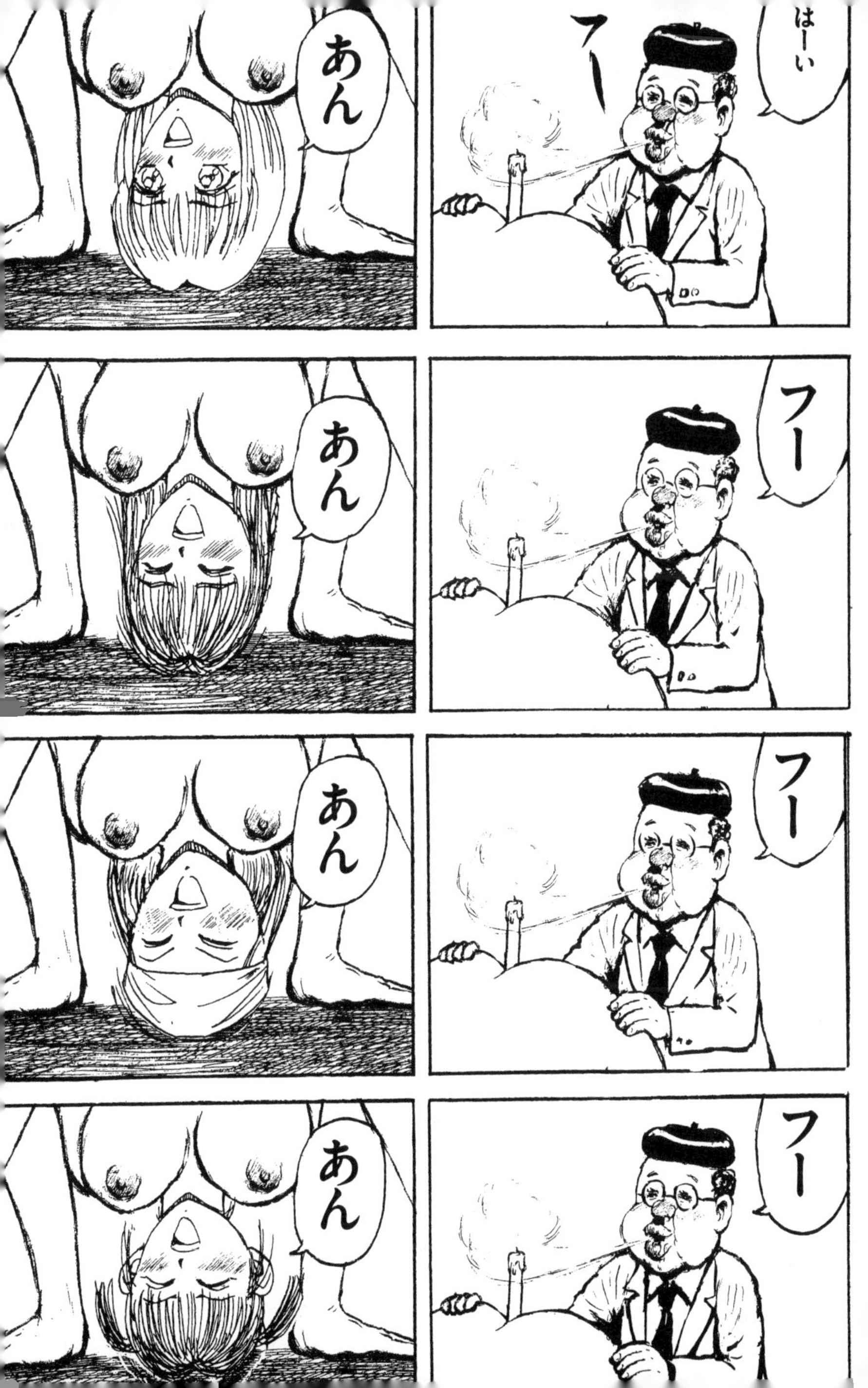
はーい
フー
あん
フー
あん
フー
あん
フー
あん

ガタロウくん
4歳《さい》のお誕生日《たんじょうび》
おめでと———!!!
パチパチ パチパチ パチ パチ パチ
エヘヘ
おめでとー
——ッ!!!
ブチューッ
バイ
バーイ!!!
ダダダダ
あっ
まって!!!
まだ帰《かえ》らないで!!!

バターン
みんなでSEX《セックス》しよ!!!
おまんこ見《み》せてくれ——ッ!!!
!!?
つるっ
つるっ
つるっ

ゴロゴロゴロゴロ

うわああああああああ――ッ!!!

ギャーーーッ!!!!

パンパーン
!!?

うぎああああ――ッ!!!!

ウギャーーーッ!!!
ちゅどーん

完

P220-243
『画太郎先生だぁ〜い好き♥』漫☆画太郎
秋田書店刊©漫☆画太郎（秋田書店）2009

カバー表1イラスト　フカザワユリコ
扉題字・本文・カバー表4イラスト　国崎☆和也
ブックデザイン　田尾知己（アイモス）
DTP　飯村大樹
編集　佐々木笑
協力　グレープカンパニー
友情出演　漫☆画太郎

［初出］
本書は、QJweb「ランジャタイ国崎のっ!!『キャハハのハッ☆』」
2021年5月－2022年9月掲載分および
「ふっとう茶☆そそぐ子ちゃんnote」
2020年4月－2022年1月掲載分から
セレクト・再編集し、新たな書き下ろしを加えたものです。

へんなの

2023年3月 1日第1版第1刷発行
2023年4月18日第1版第3刷発行

著 者　国崎☆和也

発行人　森山裕之

発行所　株式会社太田出版

〒160-8571
東京都新宿区愛住町22　第3山田ビル4F
電話 03（3359）6262
振替 00120-6-162166
ホームページ http://www.ohtabooks.com

印刷・製本　株式会社シナノ

ISBN978-4-7783-1848-2